Vom Brot

Knust

Er war morgens extra in die benachbarte Stadt gefahren. Weil er wusste, dass es dort besonders gutes Brot gab. In der Bäckerei neben dem mittelalterlichen Rathaus. Eine Traditionsbäckerei, die weit über die Grenzen der Stadt hinaus bekannt war. Sein portugiesischer Geschäftspartner hatte es sich gewünscht. Zum Abschied. Ein deutsches Landbrot, mit viel Roggen. Doppelt gebacken, mit einer dicken, knusprigen Kruste.

Vom Einkauf heimgekehrt, deponierte er den duftenden Vierpfünder zu Hause in der Brottrommel. Er würde ihn dem portugiesischen Geschäftspartner am Nachmittag überreichen, im Garten, bei der letzten Tasse Kaffee zum Abschied, kurz bevor er ihn zum Flughafen bringen würde. So war es verabredet. Und so sollte es auch kommen. Allein, das Brot, das er nachmittags, eingewickelt in Papier, überreichte, es war lädiert! Besser: amputiert. Als der Geschäftspartner das Papier aufschlug, um erstmals am Laib zu schnuppern, fehlte demselben nämlich das edelste Teil. Es fehlte: der Knust!

Der Täter war schnell ermittelt. Die junge Tochter des Hauses hatte ihr familiäres Gewohnheitsrecht in Anspruch genommen und – die wahre Bestimmung des Geschenkbrotes nicht ahnend – den Knust, das leckere Endstück, abgeschnitten. Und gegessen. Mit Butter. Der portugiesische Geschäftsfreund bewies Herz und Humor und flog, der Tochter zuzwinkernd, von dannen – mit knustlosem Brot.

Die Tochter des Hauses ist heute meine Frau. Und bis heute nimmt sie ihr Gewohnheitsrecht in Anspruch. Den Knust. Mit Butter. Widerstand zwecklos. Es sei denn, man wollte die Schärfe des Brotmessers einer Prüfung am eigenen Leib unterziehen. Brot ist Kindheit, Brot ist Erinnerung. Brot ist Gegenwart. Brot essen wir tagtäglich. Alle. Umfragen zufolge jedenfalls.

*Brod ist eine Speise, (...) welche allein oder zu anderen Dingen
gegessen werden kann; die auch, gleichsam als Materie aller
Speisen, sich mit Fleisch, Fischen, Obst und Kohl-Kräutern
mischen lässet und ohne welche andere Speisen (ohne Abbruch
der Gesundheit) nicht wohl können genossen werden.*

PAUL JACOB MARPERGER (1656–1730),
VOLLSTÄNDIGES KÜCH- UND KELLER-DICTIONARIUM, 1716

Brot ist ein Grundnahrungsmittel, seit über 6000 Jahren.
Brot ist auch ein Kulturgut, mit dem die Menschen sich identifizieren. Deutschland ist weltberühmt für seine Brotvielfalt
und -qualität. Brot macht uns glücklich. Denn Brot kann ein
Hochgenuss sein! Viel Interessantes, Wissenswertes, auch
Amüsantes gibt es zum Brot zu erzählen. Grund genug also,
sich dem Thema ein wenig intensiver zuzuwenden. Unterhalt-
sam, so hoffe ich. Erhellend, so wünsche ich.

MARCUS RECKEWITZ, IM MAI 2014

„Ohne Brot ist der Tisch nur ein Brett!"

Eine kleine Wertschätzung

„Ohne Brot ist der Tisch nur ein Brett!"

O hne Brot ist der Tisch nur ein Brett", sagt ein russisches Sprichwort. Und es umschreibt damit vor allem: Brot bedeutet seit Jahrtausenden – Nahrung. Und zwar alltägliche Nahrung.

Es begann vermutlich vor ca. 6000 Jahren, als sich erstmals eine von Hefen vergorene Mischung aus gemahlenem Getreide und Wasser zu einem ersten Brot wölbte – vielleicht zufällig auf einem sonnenerhitzten Stein. Seither ist der gebackene Getreideteig aus der Geschichte der menschlichen Ernährung nicht mehr wegzudenken. Und bis heute manifestiert sich der entscheidende Technologiesprung, die Vergärung des Teiges durch ein Triebmittel, in unserer Alltagssprache: Der Begriff „Brot" geht auf das althochdeutsche „prôt" zurück, was nichts weiter als „Gegorenes" bedeutet.

Elende Getreideknabberei

Was da vor ein paar Tausend Jahren erstmals auf einem Stein „gebacken" wurde, hatte mit dem, was wir heute Brot nennen, natürlich noch nicht viel gemein. Gleichwohl: Es war ein Kultur-

VORHERGEHENDE SEITE:
Jan Vermeer: Die Milchfrau (um 1658)
RECHTS:
Luigi Bechi: Zwei Kinder mit Brot und Äpfeln bei der Pause (um 1870)

sprung. Zuvor hatte der Mensch nämlich jahrtausendelang wilde Getreidekörner ungemahlen und vor allem roh geknabbert – eine exquisite Herausforderung für den steinzeitlichen Verdauungstrakt. Ausgrabungen belegen, dass der Mensch um 10 000 v. Chr. in seiner Verzweiflung bereits dazu übergegangen war, die Körner zu rösten – was die Sache aber nicht viel besser machte.

Bis heute ein Hit: Brei und Fladen

Schließlich mahlte er die Getreidekörner und rührte sie mit Wasser zu einem Brei an. Das hört sich zwar so fad an, wie es geschmeckt haben muss. Doch dieser Brei war weitaus bekömmlicher als das rohe Korn. Und er erwies sich in der Tat als ein historischer Ernährungsschlager: Bis in die Neuzeit hielt er sich als Grundnahrung – vor allem für den ärmeren Teil der Menschheit. Ebenso wie der in der Sonne oder auf Stein, auf Backtellern, in Herdmulden oder einfach in heißer Asche erhitzte Brei. Die so entstandenen einfachen, flachen, trockenen Fladen waren nämlich praktisch: Sie hielten sich lange, man konnte bei Gelegenheit dran knabbern, sie waren bekömmlicher als geröstete Getreidekörner und mit Wasser konnte man bei Bedarf wieder Brei aus ihnen machen. Bis heute sind Fladen – natürlich mit verbesserten Rezepten, feinerem Mehl, dünn und dick, weich und hart, mit und ohne Triebmittel – weltweit beliebt, ob in Indien, in Ägypten oder in Israel, ob in Äthiopien, im Iran oder dem Irak, ob in der Türkei oder in Mexiko etc. Die Bandbreite der Fladenverwendung (gefüllt, geklappt, belegt) ist unendlich.

Ägyptische Revolution – vom Brei zum Brot!

Doch erst mit Triebmitteln, also Hefen (bzw. Sauerteig), wurde aus dem Fladen Brot. Die Hefen sorgen für Vergärung, als deren Ergebnis Kohlendioxid-Bläschen entstehen, die wiederum vom Kleber (Gluten) des Getreides im Teig gehalten werden. Schon der Teig geht wie von Zauberhand auf. Unter Hitzeeinwirkung bläht er sich schließlich zum Brotlaib.

Mit Sauerteig experimentierten die alten Sumerer und die Ägypter wahrscheinlich schon im 5. Jahrtausend v. Chr. Im 3. Jahrtausend, so viel ist sicher, führten die Ägypter die Brotherstellung zu einer ersten Perfektionsstufe. Brot war Grundnahrung und Zahlungsmittel (wie Bier). Die Hochkultur der Ägypter war eine Brotkultur!

Vom profanen Bauchfüller zur Feinkost

Seit den alten Ägyptern war Brot jahrtausendelang – bis heute – ein Grundnahrungsmittel. Es füllte die Bäuche, wurde profan zu Brei und Suppe verspeist – war aber über weite Strecken der Geschichte und für die meisten Menschen alles andere als ein Luxus oder ein kulinarischer Genuss.

Doch in jenen Perioden, in denen es dem Menschen besser geht, strebt er auch nach Verfeinerung des banal Alltäglichen. Und natürlich wurde von Anbeginn in solchen Phasen auch mit dem Grundnahrungsmittel Brot experimentiert, um es vom gewöhnlichen Sättigungsmittel in eine höhere Kulturstufe des Genussmittels zu überführen. Schon die alten Ägypter kannten über 30 verschiedene Brotsorten, verfeinerten ihre Brote mit Kräutern, Früchten, Eiern, Nüssen, Gemüsen und Honig – alles Ingredienzien, die uns auch heute noch im Brot willkommen sind.

Modernes Brot-Crossover

Heute profitieren wir tagtäglich von den Vorzügen nicht nur unserer eigenen Brotkultur. In Zeiten des historisch höchsten

Wohlstandes, unbegrenzter Reisemöglichkeiten, eines permanenten Kulturaustausches und der Globalisierung sind uns die Brotgewohnheiten nicht nur unserer unmittelbaren Nachbarn, sondern auch der entfernteren Völker und ihrer Traditionen zur alltäglichen Gewohnheit geworden.

Mit Selbstverständlichkeit tunken wir unser *Ciabatta* beim Italiener (und zu Hause) in Olivenöl. *Crostini* und *Bruschette* sind uns als unaufgeregter Bestandteil einer italienischen Menüfolge so vertraut wie unsere gute alte Butterstulle. *Baguette* zum Salat, zur Suppe oder zum Käse? Ja, was denn sonst? Zum Frühstück knabbert Mutti auch gerne mal am schwedischen *Knäckebrot*. „Wegen der Linie." Und zwischendurch? Gehen wir zum türkischen oder arabischen Imbiss und bestellen mit tausendfach möglichen Varianten gefüllte Brottaschen.

Das sprichwörtliche Brot

Dass der aufgeblähte und gebackene Teiglaib für die Ernährung eine solch überragende Rolle spielte, schlug sich natürlich auch in der Alltagssprache nieder. Bis heute. Wer sich tagtäglich morgens aus dem Bett rollt und einer Arbeit nachgeht, tut dies in der Regel, um „seine Brötchen zu verdienen". Was je nach charakterlicher Eignung des „Brötchengebers" allerdings ein „hartes Brot" sein kann.

Zynischerweise kommentieren Spaßvögel solcherlei Klagen mit Sprüchen wie: „Brot ist nicht hart. *Kein* Brot – das ist hart!" Also übt man sich lieber in Zurückhaltung, meidet Gewerkschaft und Tariflohn und denkt sich: „Wes Brot ich ess, des Lied ich sing." Oder man setzt auf Konfrontation, geht in die Gewerkschaft und kämpft für seinen Tariflohn: „Man lässt sich doch nicht die Butter vom Brot nehmen!"

Dem Hauptverdiener, der die Familie ernährt und den man in England auch *breadwinner* nennt, ist vor allem zu wünschen,

Geröstetes Brot, Olivenöl, herzhafter Belag: Bruschetta!

niemals „brotlos" zu werden. Wer eine Familie zu ernähren wünscht, sollte es tunlichst auch gar nicht erst mit „brotloser Kunst" versuchen. Das Ingenieurwesen scheint da weitaus besser geeignet. Denn wenn's mit dem „Broterwerb" erst einmal klemmt, dann muss man „den Brotkorb höher hängen". Derselbe hing früher in Griffhöhe, um das Brot vor Ratten und Mäusen zu schützen. In Notzeiten, wie während des Dreißigjährigen Krieges, wurde er höher gehängt, um den beiläufigen, aber unerlaubten Zugriff außerhalb der „Brotzeit" zu verhindern.

Und all jenen, bei denen heute noch nicht mal ein Brotkorb hängt, den man höher hängen könnte, haben wir zum Jahreswechsel den Slogan „Brot statt Böller" geschenkt – wohl eins der besten Beispiele dafür, dass „gut gemeint" nicht gleich „gut gemacht" ist.

Rock'n'Roll-Brood

Herman Brood (1946–2001) war eine niederländische Blues-
und Rock'n'Roll-Ikone. Er spielte mit Größen wie Eddie Boyd,
Van Morrison, John Mayall, Jan Akkermann und vielen anderen
Musikern zusammen, hatte auch eine eigene Band, malte, schau-
spielerte und schrieb.
„Ohne Brood kann man nicht leben", war der Werbespruch auf
dem Plakat für eines seiner Konzerte, auf denen er sich mit legen-
därer Intensität verausgabte. Doch ebenso legendär wie seine Kon-
zerte war auch sein Drogenkonsum. Nach seinem letzten Versuch
eines Entzugs stürzte sich Brood in Amsterdam 2001 aus dem
Fenster eines Hotels in den Tod. In seinem Abschiedsbrief hinter-
ließ er seine letzte Botschaft: „Brood is op."
Brot ist alle.

Lord und Lady

Auch der Inbegriff für die geadelte Höflichkeit der englischen
Anrede, der Lord und seine Lady, stammen sprachlich und
historisch vom Brot bzw. von der Brotbereitung ab. Wer vor-
nehm und adelig war, besaß in der Regel Land und war somit
der Herr und Hüter über die Landwirtschaft und ihre Produkte – also auch über das Brot. Einen solchen vornehmen Mann
nannte man altenglisch *hláford* oder *hláfweard*, den „Hüter
des Brotes", was sich aus *hláf* für „Laib" und *weard* für „Hüter" oder „Bewahrer" zusammensetzte. Aus dem *hláford* wurde
schließlich der englische Adelstitel Lord. Auf der operativen
Ebene gab seine Frau als „Brotanteigerin" oder „Brotherstelle-
rin" den Takt an, die man altenglisch *hlaefdige* nannte und aus
der schließlich die Lady wurde.

Italo-byzantinischer Meister: Abendmahl (um 1000)

Bibel und Brecht

Dass dem Brot in allen Brotkulturen ein hoher Symbolwert und vor allem eine religiöse Dimension zugeordnet wurden, versteht sich von selbst. Götter gab es über Jahrtausende für so ziemlich jede Wachstumsphase des Getreides und für jedes Handwerk, das bei der Herstellung von Brot beteiligt war. Die Zuständigkeiten änderten sich nur geringfügig, als es monotheistisch wurde. Fortan war eben nur noch *ein* Gott zuständig, der aber für *alles*. Das war praktisch. Jetzt musste man nur noch *einen* Gott ums Brot anbeten. So wundert es also nicht, dass im bekanntesten aller christlichen Gebete der sprichwörtliche und nicht nur sonntags vorgetragene Wunsch nach dem „täglich Brot" ganz weit oben steht. Doch vor den Brotgenuss hatte der liebe Gott den Schweiß gesetzt. Zur Strafe, denn Adam und Eva hatten dem göttlichen Gebot zuwider gehandelt und vom Baum der Erkenntnis genascht. Da zeigte er sich persönlich betroffen, der liebe Gott. Da hatte er den beiden den Garten Eden angeboten, und dann das! Und so schmetterte er im ersten Buch Mose dem Adam erbost entgegen: „So soll der Ackerboden verflucht sein um deinetwillen: mit Mühsal sollst du dich von ihm nähren dein Leben lang! Im Schweiße deines Angesichts sollst du dein Brot essen!" Dem lieben Gott ist ein voller Bauch zudem nicht alles. Das Streben nach Höherem, vor allem nach Gottgefälligkeit, ist ihm schon auch recht wichtig: „Nicht vom Brot allein soll der Mensch leben, sondern von jedem Wort, das durch den Mund Gottes ergeht." Brecht hielt dem späterhin entgegen: „Erst kommt das Fressen, *dann* kommt die Moral."

Brot und Rosen

Da waren im Jahre 1912 die streikenden Frauen von Massachusetts dem lieben Gott aber näher als dem linken Brecht und seinem Diktum, dass sich das Höhere erst einstellen kann, wenn man satt ist. Sie wollten beides: Fressen *und* Moral, einen gerechten Lohn *und* Menschenwürde. Sie wollten „Brot *und* Rosen". Und zwar gleichzeitig! Nicht nacheinander. Also gingen die 20 000 Textilarbeiterinnen auf die Straße, hielten Plakate hoch „We want bread and roses too", sangen ihr Lied und erkämpften eine 25-prozentige Lohnerhöhung! Das Lied war so gut, dass es in den 1970er Jahren von der neuen Frauenbewegung wiederbelebt wurde. Seither stehen „Brot und Rosen" ikonografisch für alles, was nach Protest, Emanzipation und Gleichberechtigung klingt. Der Song wurde zum kleinen Gewerkschaftsklassiker. Auch der Anarchosyndikalismus, militante Frauengruppen und anarchistische Widerstandsbewegungen führen „Brot und Rosen" gerne auf der Zunge. Und noch heute laden republikweit die Gleichstellungsbeauftrag-

Brot und Rosen

Wenn wir zusammen gehen,
geht mit uns ein schöner Tag
durch all die dunklen Küchen,
und wo grau ein Werkshof lag,
beginnt plötzlich die Sonne
unsre arme Welt zu kosen,
und jeder hört uns singen:
Brot und Rosen! Brot und Rosen!

Wenn wir zusammen gehen,
kämpfen wir auch für den Mann,
weil unbemuttert kein Mensch
auf die Erde kommen kann.
Und wenn ein Leben mehr ist
als nur Arbeit, Schweiß und Bauch,
wollen wir mehr; gebt uns das Brot,
doch gebt die Rosen auch.

(...)

Wenn wir zusammen gehen,
kommt mit uns ein bessrer Tag.
Die Frauen, die sich wehren,
wehren aller Menschen Plag.
Zu Ende sei: dass kleine Leute
schuften für die Großen.
Her mit dem ganzen Leben:
Brot und Rosen! Brot und Rosen!

ten zum Internationalen Frauentag gerne unter dem Motto „Brot und Rosen" ein.

Brotvögel und Stutenkerle

Die im wahrsten Sinne religiöse Vergötterung des Brotes durch den Menschen schlug sich natürlich im Laufe der Geschichte in einer unüberschaubaren Palette an Riten und Volksbräuchen nieder. Kein Heiliger, kein Gott, kein Feiertag, kein historisches Ereignis, zu dessen Ehren und Gedenken nicht besondere, kunstvoll verzierte oder geflochtene Brauchtums- oder Gebildbrote gebacken wurden – und werden. Ob Allerseelenwecken oder Mutschel, Brezel, Osterweihbrot, Stutzweck, Christstollen oder Stutenkerle, die am 6. Dezember dem Bischof Nikolaus von Myra zu Ehren in den Ofen geschoben werden. Der Anlässe gibt es viele, der Motive auch. Vielerorts unternimmt man besondere Anstrengungen wie z. B. auf Sardinien: Zum Fest Johannes des Täufers wird hier in einer zeitraubenden Prozedur eine 8 kg schwere Focaccia aus Grieß, Honig, Mandeln und Butter gebacken, die mit 160 aus Schilf hergestellten Vogel- und fünf Hühnerfiguren geschmückt ist. In einem feierlichen Reiterumzug wird sie dem begeisterten Publikum offenbart.

Und im Allgäu, in der Pfarrkirche St. Martin, vollzieht man noch heute den sehr alten Brauch, aus süßem Teig gebackene sogenannte „Brotvögel" zu Himmelfahrt an die Kinder zu verteilen. Dieser Ritus geht zurück auf das früher hier übliche Hinabwerfen von gebackenen Hostien ins Kirchenschiff, um damit sinnbildlich die Himmelfahrt Jesu darzustellen. Als dieser Brauch im Zuge der großen Säkularisation 1803 verboten wurde, wich man aus auf die Idee mit dem Gebäck in Vogelgestalt. Und so könnte man bis ins Unendliche fortfahren mit der Aufzählung all der fantasievollen Bemühungen des Menschen, sich mit Brot und Brauchtum angemessen mitzuteilen.

Brot, Salz und ein Henkersstrick

Oft verwischen die Grenzen zwischen Glaube und Aberglaube, zwischen Kulturen und Religionen und führen zu ebenso bekannten wie bizarren Ritualen. So galt den Germanen Brot und Salz als probates Mittel gegen Drachen und Hexen – eine Vorstellung, die im christlichen Ritus der Taufe hier und da noch anklingt, wenn dem Täufling Brot und Salz dargebracht werden, um ihn vor Dämonen zu schützen.

In Westfalen war es guter Brauch, dass der frisch vermählte Bräutigam nach Hause eilte, um seine Frau mit Brot, Salz und einem Trunk zu empfangen. Die Braut biss ins Brot, bewahrte den abgebissenen „Briutknaust" aber im Koffer auf. Solange er keinen Schimmel ansetzte, würde es im Haus nicht an Brot mangeln! So glaubte man. In England steckte man den Brautleuten gerne auch ein Stück Brot in die Schuhe, um der Fruchtbarkeit auf die Sprünge zu helfen.

Besonders bizarr war der Einfall einer westfälischen Witwe, deren Mann sich in der Bodenluke erhängt hatte: Um eine symbolische „Reinigung" des Ortes vorzunehmen, befestigte sie an eben jenem Strick, an dem kurz zuvor noch ihr Mann gehangen hatte, ein Stück Brot.

Man sieht: Brot war seit jeher für dieses und jenes, nein, eigentlich für alles und jeden zuständig.

Der gebackene Hintern –
die Horaffen von Crailsheim

Im schwäbischen Crailsheim backt man alljährlich am Mittwoch vor Fastnacht ganz besondere Gebildbrote – die sogenannten Horaffen. An diesem Stadtfeiertag erinnert man an den blutlosen Sieg der Stadt gegen ein Belagerungsheer benachbarter Städte, die 1380 im Zuge des süddeutschen Städtekriegs vor den Toren Crailsheims lagerten, um die Bevölkerung auszuhungern und so sturmreif zu machen.

Als sich die Belagerer nach monatelangem Warten zur Erstürmung rüsteten, sammelten die Frauen von Crailsheim das letzte vorhandene Mehl und buken „Horaffen“, Hörnchen, die einem offenen Gehörn ähneln („Hornoffen“). Die warfen sie von der Stadtmauer auf die Feinde. Gleichzeitig bestieg die Frau des Bürgermeisters die Mauer und entbot ihren entblößten Hintern dem verblüfft dreinschauenden Kriegsvolk. Angesichts der Fülle an Brot und des wohlgenährten Hinterteils gaben die Belagerer entnervt auf: Der Versuch der Aushungerung war offenkundig fehlgeschlagen.

Ob die Form der (umgedrehten) Horaffen tatsächlich an das Hinterteil der Frau des Bürgermeisters erinnert und ob es die Belagerung tatsächlich je gegeben hat, kann man mit Fug und Recht bezweifeln. Das tut der Tradition und der Feierlaune in Crailsheim allerdings keinen Abbruch.

Ohne Brot ging nichts!

Kleine Brotgeschichte

Ohne Brot ging nichts!

Beginnen wir die kleine Brotgeschichte mit einer Schulweisheit: Die besagt, dass der Mensch vor rund 12 000 Jahren in der Region des sogenannten „Fruchtbaren Halbmondes" (also in der Region des unteren Niltals über die östliche Türkei bis ins Zweistromland Mesopotamien) erstmals sesshaft wurde. Er hing damals sein Dasein als Jäger und Sammler an den Nagel und widmete sich fortan und zunehmend Ackerbau und Viehzucht.

Der Grund? Schlechtes Wetter! Wir befinden uns am Ende der letzten Eiszeit. Und schlechtes Wetter hieß: kein Wild mehr zum Jagen! Also musste er sich was einfallen lassen, der alte Steinzeitler. Und so fielen ihm irgendwann die wilden Gräser mit ihren Samen auf und da dachte er sich: Die säe ich, und die züchte ich, das Ergebnis nennt man dann Getreide, und das ernte ich, und vom Korn lebe ich. Und meine Frau und meine Kinder auch. Und mit der Gerste fange ich mal an.

Alles Unsinn!

So stellte man sich die Sesshaftwerdung lange vor. „Alles Unsinn!", wandte unlängst der Münchner Evolutionsbiologe Josef K. Reichholf mit seinen Forschungsergebnissen ein. Erstens war das Wetter gut. Sehr gut sogar! Das würden neueste Klimadaten belegen. Also gab's zweitens auch Wild im Überfluss. Es heißt ja nicht umsonst „fruchtbarer" Halbmond. Die entscheidende Frage: Warum hätte der Mensch angesichts eines mit lebenden Fleischbergen reich gedeckten Tisches also auf die verrückte Idee kommen sollen, nur noch kleine, harte Körner zu mümmeln, die zudem kaum aus den Spelzen zu fummeln waren? Weil er sich vielleicht gedacht hat: Och, mal schauen, vielleicht back ich 6000 Jahre später daraus Brot? Wohl kaum! Also: Warum wandte sich der Mensch dem Getreide zu?

Es war Bier, nicht Brot!

Die Antwort von Reichholf: Es war Bier! Zum Herstellen von Bier eigneten sich die Samen der wilden Gräser nämlich hervorragend. Ein paar Körner zerstampft, mit Wasser aufgesetzt, einmal reingespuckt (wegen der Enzyme) – und schon vergor der Brei zu Bier. Und das wurde gezielt als Rauschmittel eingesetzt. Von Schamanen, den religiösen Spezialisten, die für das Göttliche zuständig waren. Und dem Göttlichen kam man vor allem im Zustand der Ekstase näher. Das machte man in allen Kulturen. Mit Pilzen, Hanf, Opium, Betelnuss, Peyote-Kaktus oder Koka-Strauch. Die Sumerer im Zweistromland machten es offenkundig mit Bier.

Und so sollen auch die ersten menschlichen Siedlungen entstanden sein. Nämlich im Zentrum oder am Rande von Kultstätten, an denen man sich zum gemeinsamen, göttlichen Bierrausch zusammenfand. Zu diesen Festen brachte dann jeder aus seiner Region mit, was er an Getreidesamen so hatte. Daraus gingen ertragreichere Hybride hervor, die man dann irgendwann „großflächig" anbauen konnte. Als erste Getreideart war Gerste beliebt. Vermutlich weil sie sich besonders gut zum Bierbrauen eignet – bis heute. Erst später begann man, die Getreidekörner zu mahlen und mit Wasser zu einem nahrhaften Brei anzurühren, den man aß.

Und erst sehr viel später, nach Bier und Brei, erfand der Mensch dann im 5. oder 4. Jahrtausend v. Chr. das Brot, das aber zunächst lediglich aus getrockneten oder gebackenen Fladen bestand.

Dass Brot backen und Bier brauen zwei sehr eng verwandte Prozesse sind, letztlich allein die Menge des Wassers darüber entscheidet, ob man aus der Melange einen Teig und Brot oder Bier erhält, ist augenfällig. Bei den Sumerern gehörte um 3000 v. Chr. sowohl Gerstenbrot als auch Bier bereits zur Alltagsnahrung. Das weiß man aus alten Keilschriften.

Die Ägypter – Erfinder des modernen Brotes

Etwa zeitgleich waren Brot und Bier auch bei den Ägyptern bereits Volksnahrungsmittel. Doch während man woanders, z. B. in Mitteleuropa, um 3000 v. Chr. noch in Pfahlbauten hockte und Fladen knabberte, stellten die Ägypter bereits mit Sauerteig aufgeblasenes „modernes" Brot her. Vermutlich hatten sie eher zufällig die Verwandlung eines Getreidebreis beobachtet, über den sich die in der Luft allenthalben umherfliegenden Hefen hergemacht hatten. Durch die Hefegärung hatten sich Kohlendioxid-Bläschen gebildet – der Brei war „aufgegangen". Und vor allem: Er blieb nicht flach wie ein Fladen, sondern blähte sich unter Hitzeeinwirkung auf und präsentierte nach dem Backen eine poröse Krume, wie wir sie auch heute noch vom Brot kennen. Den Sauerteig des Vortages aufzubewahren, um damit die Gärung des nächsten Teiges anzustoßen – auch dieses Prinzip des sich fortpflanzenden Sauerteigs kannten die Ägypter. Die Ägypter gelten aber nicht allein deswegen als die großen Innovatoren der Brotgeschichte. In die gingen sie auch ein, weil sie den sehr viel besser zu verbackenden Weizen kultivierten. Sie waren es auch, die die Backofentechnologie vorantrieben. Aus Nilschlammziegeln bauten sie zylindrische, sich kegelartig nach oben verjüngende Bauten, die im Inneren durch eine Platte in zwei Räume getrennt wurden. Im unteren Teil befand sich die Feuerstelle, im oberen der Backraum zur Aufnahme der Brotteige.

RECHTS: *Ägyptische Statuette einer Frau, die Korn mahlt (um ca. 2500 v. Chr.), Museo Archeologico, Florenz*

Mumien mit faulen Zähnen

Die Ägypter gelten zwar als die „Erfinder" des modernen Brotes, doch kaum ein Segen entfaltet sich ohne den entsprechenden
Fluch. So ging eine britische Zahnärztin der Frage nach, warum
der Zahnstatus jahrtausendealter Mumien in der Regel eine einzige Katastrophe darstellte: Kieferknochen waren zum Teil der-
art deformiert, dass die betreffenden Menschen wohl kaum noch
den Mund öffnen konnten, verfaulte Zähne, Karies im Wurzel-
bereich, vollständig abgeriebener Zahnschmelz und freiliegende
Nerven waren eher die Regel als die Ausnahme – das Essen muss
ein Martyrium gewesen sein.

Schuld war vermutlich die von den Ägyptern zum Brotbacken
bevorzugte besonders grobe Weizenart. Weil die Körner so hart
waren, mischten die Kornmahlerinnen Sand unter das Getreide. Und der wurde schließlich zum Sand im Getriebe, zerstörte
beim Kauen die Zähne. Erst nach der Machtübernahme durch
die Griechen wurden ab dem 3. Jahrhundert v. Chr. andere Getreidearten angebaut.

Nahrungs- und Zahlungsmittel

Brot war den Ägyptern Grundnahrung. Es war das Maß der Dinge, es war Zahlungsmittel, es war, wie auch das Bier, Arbeitslohn. Ohne Brot (und Bier) keine Pyramiden! Und wurde der Brotlohn nicht pünktlich gezahlt, scheute man sich nicht, in Streik zu treten. Bauarbeitern und Angestellten standen fünf Brote und zwei Krüge Bier als Tagesration zu. Tempelbeamte kamen auf 360 Krüge Bier, 900 Weizenbrote und 36 000 geröstete Fladen im Jahr.

Das Mahlen des Getreides für diese Brotrationen war ein extrem arbeitsaufwendiges Geschäft, denn die Ägypter gewannen ihr Mehl ausschließlich mit Reibsteinen. Die Reiberei wurde in erster Linie von Frauen betrieben. Und derer bedurfte es für die Versorgung der Bevölkerung viele: Allein 10 000 Kornmahlerinnen wurden benötigt, um die 30 000 bis 40 000 Bauarbeiter der Pyramiden mit Brot zu versorgen!

Die in Grabmalereien überlieferte Formenvielfalt, die Anzahl der Ingredienzien und Beläge, mit denen man das Brot zu einem Hochgenuss machte, überstieg alles bis dahin in der noch recht kurzen Brotgeschichte Dagewesene. Ägypten war die erste echte Brotkultur!

Pessach und das ungesäuerte Brot der Juden

Zum jüdischen Pessachfest, das an den biblischen Auszug (Exodus) der Juden aus Ägypten und die Befreiung aus der Sklaverei erinnert, wird traditionell ungesäuertes Brot gegessen, die sogenannten Matzen. Bibel und Legende wollen, dass die Juden bei ihrer übereilten Flucht aus dem ägyptischen Hoheitsgebiet einfach keine Zeit mehr hatten, Natursauerteig mitzunehmen. Zudem wäre die zeitraubende Prozedur der Teigführung auf der Flucht undenkbar gewesen. Und: Man hatte auf der Flucht ja

Brot zugedeckt am Shabbes: Freitag Abend, Gemälde von Isidor Kaufmann (1853–1921)

keine Backöfen. Also nahm man die ungesäuerte Mehlpampe mit, aus der man jederzeit auf heißem Stein oder einfach in der Sonne Fladen herstellen konnte. Die waren zudem auch länger haltbar als richtiges Brot. Oder folgt der Brauch des ungesäuerten Sakralbrotes einer sehr viel älteren Tradition? Die Hebräer hatten das gesäuerte Brot ja erst durch die Ägypter kennengelernt. Bis zu ihrer Sesshaftwerdung waren sie als Kleinviehnomaden umhergezogen. Ihr Brot war traditionell der ungesäuerte Fladen. Und ihre alten Opferrituale folgten der Einsicht, dass die dargebrachten Lebensmittel der Speisung Gottes dienten. Die aber waren nur begrenzt haltbar. Frisches Fleisch z. B. wurde faul (Bakterien), musste also nach zwei Tagen verbrannt werden. Gleiches galt für pflanzliche Lebensmittel. Sauerteig verbot sich aus der gleichen Überlegung. Er war ja schließlich sauer, verdorben, von Hefen vergoren. Dass Säure und Fäulnis nicht das gleiche sind, konnten die Hebräer damals noch nicht wissen.

Vom Matzen zur Oblate

Die Christen übernahmen die jüdische Tradition des ungesäuerten Brotes für ihre Eucharistiefeier bzw. das Abendmahl („Nehmet und esset alle davon, denn dies ist mein Leib, der für euch hingegeben wird."). Zunächst noch verwendete man gesäuertes Alltagsbrot, das jedoch beim Verteilen bröselte – man „verkrümelte" sozusagen den Leib Christi. Seit dem 8./9. Jahrhundert, also seit karolingischer Zeit, ging man schließlich unter Berufung auf die jüdische Tradition dazu über, für die Hostie (lat. hostia, Opfergabe, Sühneopfer) ungesäuerte Oblaten (nur aus Wasser und Mehl) zu verwenden.

Über dieses Esspapier, das mittels Oblatenpressen reich verziert werden kann und bis heute in der Kirche den Gläubigen auf die Zunge gelegt wird, zerstritt man sich im sogenannten Azymenstreit (gr. ἄζυμα, ungesäuert) mit der östlichen orthodoxen Kirche, die weiterhin gesäuertes Brot bevorzugte. Der Streit um die Oblate war einer der Gründe für das große Morgenländische Schisma von 1054, die Spaltung in Rom und Konstantinopel als Zentren des christlichen Glaubens.

Die alten Griechen

Die Völkerschaften, die Anfang des 2. Jahrtausend auf die südliche Balkanhalbinsel drangen und später als Griechen Weltgeschichte schrieben, galten lange Zeit für die Entwicklung des Brotes als keine großen Helden. Der einfache Fladen war das bevorzugte Brot. Ruhm und Ehre verdiente sich der Grieche auf einem Schiff oder auf dem Schlachtfeld, nicht auf dem Getreidefeld. Der Boden gab auch nicht sonderlich viel her, Getreide musste aus Ägypten, Sizilien oder vom Schwarzen Meer importiert werden. Noch im 5. Jahrhundert v. Chr. nannten die Griechen die Ägypter „Brotesser". Doch an der Grenze vom 6.

Backoblaten sind auch heute noch die Basis für Kokosmakronen.

zum 5. Jahrhundert v. Chr. wandelte sich die griechische Ge-
sellschaft. Tiefgreifende Reformen (Solon) hatten den Bau-
ernstand aufgewertet. Und schließlich wurden die Griechen
zu mindestens so großen Brotliebhabern wie die Ägypter. Jedenfalls wenn man Athenäus glaubt (um 200 n. Chr.), der über
eine ungeheure griechische Brotvielfalt und Fertigkeit bei der
Herstellung ins Schwärmen geriet. Und wie so ziemlich alles
kleideten die götterversessenen Griechen auch ihr Verhältnis
zum Brot und zum Korn in eine Religion und in einen Kult.
Und der war legendär.

Die Demeter-Story

Die zuständige griechische Göttin hieß Demeter, kam ursprünglich aus dem Osten und war zuständig für Erde, Saat,

Getreide, Jahreszeiten und Fruchtbarkeit. Also für so ziemlich alles, was man fürs Brot braucht. Doch wie alle griechischen Götter geriet auch Demeter irgendwann in die Mühlen der Ränke- und Machtspiele des Olymps.

Hades, der Gott der Unterwelt, hatte nämlich eines Tages festgestellt, dass er Persephone, die Tochter von Demeter (der Vater war Zeus persönlich), ganz doll lieb hatte. Persephone aber fand die „Unterwelt" nicht wirklich spannend. Verständlich, war ihr zu dunkel. Also entführte Hades sie. Das machte man damals so in Griechenland. Demeter wiederum bekam erst über Umwege heraus, wer der Entführer ihrer Tochter war, und wurde darüber ziemlich wahnsinnig. Und weil der Olymp ihr nicht wirklich half, kehrte sie ihm den Rücken zu. Mit solchem Gelump wollte sie fortan nichts mehr zu tun haben. Stattdessen ging sie als alte Frau getarnt an den Hof des Königs Keleos, erzog dessen Sohn, wurde aber als Göttin enttarnt und verlangte, dass man ihr in Eleusis bei Athen einen Tempel errichtete.

Von diesem Tempel aus ordnete sie zunächst einmal eine veritable Verödung aller Pflanzen an, sodass die Menschheit zu verhungern drohte. Das wiederum machte Zeus fassungslos – weil: ohne Menschen wird auch Göttern langweilig. Also einigte man sich mit Hades darauf, dass Persephone zukünftig zwei Drittel des Jahres (die fruchtbare Zeit im Jahreslauf des Getreides) oben bei Mutti und ein Drittel (die unfruchtbare Zeit) bei ihm unten im Reich der Schatten weilen würde. Demeter erklärte sich einverstanden und zum Dank stiftete sie das erste erneut sprießende Korn – und die Mysterien von Eleusis.

Die Brotkirche von Eleusis

Die Mysterien von Eleusis waren ein für damalige Verhältnisse gigantisches Spektakel, ein Initiations- und Weiheritus, über

Demeter, die griechische Göttin für Getreide,
ordnete aus Rache eine Hungersnot an.
Pietro Bianchi (1694–1740): Ceres.

dessen genaue Abläufe die zur Weihe bestimmten Jünglinge und alle anderen Teilnehmer unter Androhung der Todesstrafe zur Verschwiegenheit verpflichtet waren. Demeter wollte den Menschen die Würdigung ihrer Leiden offenbar mit allem Nachdruck abringen. Der Lohn für die Mühen des Initiations- und Weiheritus waren dann die Teilhabe an der göttlichen Macht und ein angenehmes Leben nach dem Tode. Kein schlechter Lohn.

Die Probanden durchlebten wohl eine Mischung aus geheim-bündlerischem Passionsspiel und Geisterbahn mit allerlei geheimnisvollen Licht- und Soundeffekten. Höhepunkt der Effekte war eine Höllenfahrt in die Unterwelt mit all ihren Schrecken, die mit einer angsteinflößenden Maschinerie bewerkstelligt wurde. Am Ende der Geisterbahn wurden die Neuankömmlinge schließlich in gleißendem Licht von Eingeweihten empfangen. Ganz Griechenland feierte diese Mysterien jährlich neun Tage lang mit einem riesigen Volksfest, mit Prozessionen und Wallfahrten zum Tempel.

Beendet wurde der Mythos Eleusis durch Soldaten. Der als Söldner in Diensten Roms stehende Gotenfürst Alarich fiel mit seinem Heer 394 n. Chr. in Griechenland ein. Wie die Vandalen zerstörten und plünderten sie die bereits geschlossenen Tempelanlagen, deren Priestern bereits seit 392 offiziell vom römischen Kaiser das Abhalten der Mysterien verboten war. Das letzte, was der verbliebene Hohepriester von Eleusis, in seinem Blut liegend, vernahm, war das Geschrei der mit den Goten in die Anlage einfallenden Priester, die das Wort der neuen römischen Staatsreligion im Mund führten: „Christus panis" – Christus ist Brot!

Das Brot als Politikum

Die Römer hatten das Brotbacken von den Griechen gelernt. Und es geriet ihnen zu einem handfesten Politikum. Getreide und der Grund und Boden, auf dem es wuchs, spielten für den Staat eine zentrale Rolle. Und die Muster, nach denen damals wirtschaftliche und politische Macht, Reichtum und Armut verteilt wurden, kommen einem noch heute sehr bekannt vor. Ursprünglich gehörte alles Land, auch das eroberte, dem Staat, der es wiederum an seine Bürger verschenken konnte. Zum Beispiel als Dankeschön an all die vielen Soldaten, die kleinen

No-Names, die sich um Roms Entwicklung zur Großmacht verdient gemacht hatten. Zurückgekehrt vom Schlachtfeld, beackerten sie fortan als Kleinbauern das Getreidefeld.

An die Vornehmen und Reichen hingegen verpachtete der Staat das Land. Rom brauchte Geld. Wie alle Staaten. Vor allem, wenn man Großmacht werden will. Die Reichen und Vornehmen wiederum hatten Sklaven aus eben jenen Ländern, die zuvor die kleinen No-Names erobert hatten. Und diese Sklaven waren billig. Sehr billig. Die Folge: Die Reichen konnten zu besseren Konditionen Korn, Milch und Fleisch produzieren als die Kleinbauern, die schließlich pleite gingen und ihr Land an die Reichen verkaufen mussten – wenn die es sich nicht schon einfach so unter den Nagel gerissen hatten.

Am Ende wurde das römische Reich von einigen wenigen Hundert Latifundienbesitzern beherrscht. Und da halfen à la longue auch alle politischen Reformbemühungen (Gracchische Reformen im 2. Jahrhundert u.a.) nur wenig.

Brot fürs römische Lumpenproletariat

Die bodenlosen No-Names zogen schließlich als Plebejer nach Rom und mussten mit Almosen ruhiggestellt werden: Brot und Spiele! Zunächst verteilte der Staat Getreide. Später ging man dazu über, Brot an das Lumpenproletariat zu verteilen, das von 40 000 im Jahr 70 v. Chr. auf 300 000 Menschen angeschwollen war. Zu guter Letzt wurde der Brot-Almosenempfang sogar für erblich erklärt. Der Staat hatte kapituliert.

Das Getreide für das Brot kam zudem immer weniger aus Italien selbst als vielmehr aus den eroberten Gebieten, aus Ägypten, Nordafrika, Spanien und England. Als Getreidehändler verdienten die Reichen und Vornehmen auch daran. Dass in den Kolonien (wie im Mutterland) immer wieder Hungeraufstände ausbrachen, weil nahezu alles Getreide nach Rom und in andere Städte exportiert wurde, trug nicht unbedingt dazu bei, das Römische Reich gegen die im 5. Jahrhundert herandrängenden Völkerscharen der Germanenstämme zu stabilisieren, die das Reich schließlich in die Knie zwangen.

Es klappert die Mühle am römischen Bach ...

Brot war im römischen Reich also Armenspeise und Grundnahrungsmittel. Es war aber auch Gegenstand des Repräsentationsbedürfnisses der Reichen und Vornehmen, die nach immer neuen kulinarischen Sensationen gierten. Die römischen Bäcker stillten den Hunger nach Sensationen mit immer wilderen und kunstvolleren Brotformen, mit immer exotischeren Zutaten, die aus den fernen Ländern der Reichsperipherie nach Rom kamen.

Der ungeheure Bedarf an Brot war zudem nur über technische Innovationen zu bedienen. Die Backöfen waren raffinierte Gebilde in Kuppelform auf einem Unterbau, ein Bauprinzip, dass noch im gesamten Mittelalter Bestand hatte, sowohl als Haus- wie auch als gewerblicher Backofen. Die römischen Getreidemühlen waren zudem weitaus größer und effektiver als die ägyptischen Reibsteine oder die Handmühlen, die von griechischen Frauenhänden mühselig gedreht worden waren. In Rom bewerkstelligten große Steinmühlen, die von mehreren Sklaven oder Maultieren gedreht wurden, das Geschäft des Mahlens. Und wenn es keine Menschen oder Tiere waren, dann war es ein neues Antriebsmittel: Wasser! Kaum ein Bach oder Fluss in Italien, an dem nicht eine Kornmühle stand und für die römische Mehlversorgung klapperte.

Bäcker – vom Unternehmer zum Beamten

Im 2. Jahrhundert v. Chr. schließlich etablierte sich sogar ein gewerbliches Bäckerwesen. Was zuvor Hausfrauenarbeit gewesen war, übernahmen nun Bäcker, die in Personalunion auch Müller waren – ein angesehenes Gewerbe. Einige Großbäcker kamen sogar zu Reichtum. In Kollegien wurden die Zunftrechte ausgehandelt, der Staat garantierte gewisse Rechte. In der zweiten Hälfte des 1. Jahrhundert n. Chr. wurden die Betreiber der rund 250 römischen Bäckereien allerdings dem Staat direkt unterstellt. Sie verloren zwar nicht ihre Innungsrechte, wurden aber vom Staat bezahlt und mussten ihre Gewinne an denselben abführen. Und irgendwann bestand die vornehmste Aufgabe dieser staatlich bezahlten Bäckerbeamten vor allem darin, das Heer der Arbeitslosen und Almosenempfänger, die *plebs frumentaria*, mit Brot zu versorgen. Damit Ruhe war im römischen Reich.

Die Völker wandern

Die neuen Völkerschaften, die schließlich das römische Reich ab dem 5. Jahrhundert überrannten, hatten gänzlich andere Sitten. Sie kannten zwar einen rudimentären Ackerbau, und Haferbrei war ihnen Leibspeise. Doch das alles war von der römischen Brotkultur Lichtjahre entfernt. Und sie hatten gänzlich andere Götter. Das Naturverständnis der Germanenstämme war von mächtigen Naturgöttern, von Wind-, Donner- und Wolkengöttern und von Erdgeistern geprägt. Und die zeigten sich tendenziell eher beleidigt, wenn man die Erde aufriss, um Samen in sie hineinzudrücken und ihr später gewaltsam das Korn zu entreißen. Wie viel einfacher hatten es da die Ägypter, die Griechen und die Römer mit ihren Fruchtbarkeitsgöttinnen gehabt. Und auch das Christentum, von Kaiser Theodosius I. 380/381 zur römischen Staatsreligion erklärt, tat sich leicht mit dem Ackerbau. War der Mensch doch Statthalter Gottes und angetreten, sich die Erde untertan zu machen. Da gab es also viel zu tun für Mönche und Acker-Missionare. Alte Heiden-Götter mussten abgeschafft oder in den christlichen Glaubenskanon integriert werden. Und Wälder mussten gerodet, Felder bestellt werden. Unter dem Strich ein erfolgreiches, wenngleich alternativloses Kulturunterfangen: Die aufstrebenden Germanenstämme, die neuen Reiche und Staaten mit ihrer wachsenden Bevölkerung wären ohne Ackerbau und Getreidewirtschaft nicht denkbar gewesen. Doch im Kampf um die Religion (und Lebensweise) ging zunächst auch viel des alten römischen Wissens verloren. Die römischen Schriften, in denen all die Erfahrungen niedergeschrieben standen, wurden kaum noch gelesen. Latein „verkam" zur Sprache der Gebildeten. Vom Berufsstand des Bäckers und der Kunstfertigkeit des römischen Bäckerhandwerks blieb nicht viel übrig, auch so manche Wassermühle blieb irgendwann einfach stehen und verrottete.

Das Mutterkorn und 40 000 Tote

Ebenso ging wertvolles Wissen um die Sorgfalt im Umgang mit dem Boden und die hygienische Behandlung von Getreide und Mehl verloren. Zum Teil mit fatalen Folgen, wie im Jahre 943 in Limoges im Frankenreich, als 40 000 Menschen elendig und unter furchtbaren Qualen (Ergotismus) zugrunde gingen, weil sie vom Mutterkorn, einem extrem giftigen Pilz, nichts wussten. Der einem schwarzen Korn ähnelnde Pilz hatte ihre Getreidefelder befallen. Und dennoch, was den Römern niemals passiert wäre, ernteten und verarbeiteten die Menschen in Limoges den verdorbenen Roggen. Das traurige Ergebnis vergrub man anschließend auf den Friedhöfen. Solche oder ähnliche Mutterkorn-Katastrophen kannte das Mittelalter viele Hunderte.

Alles geregelt – die Zünfte

Bäcker fristeten nördlich der Alpen zunächst als Leibeigene an Fronöfen oder als Klosterknechte ein wenig erfreuliches Dasein. Erst im 10. Jahrhundert entwickelte sich in den Städten der Bäckerberuf als freier Berufsstand („Stadtluft macht frei!"). Allerdings mussten sich die Bäcker zunächst noch die stadteigenen Öfen teilen. Im 12. Jahrhundert schließlich wurden in den alten und zunehmend neu gegründeten mitteleuropäischen Städten die ersten Zünfte gegründet. Und natürlich unterstellten sich auch die Bäcker, wie viele andere Handwerksberufe, als selbstständige und erwerbstätige Bürger einer eigenen Zunft (wie seinerzeit bei den Römern, als die Zunft noch Collegium hieß). Ihr unverkennbares Zeichen: eine Brezel! Das Zunftwesen behielt bis ins 19. Jahrhundert seine Bedeutung und wurde erst mit der Einführung der Gewerbefreiheit und des neuen Innungssystems abgeschafft. Die Bäckerzünfte reglementierten von Anfang an die Ausbildung, Preise, Löhne und Arbeitszeiten, boten eine gewisse wirtschaftliche, rechtliche und soziale Sicherheit. Und vor allem: Kontrolleure überprüften, ob Gewicht und Maß und Qualität und Preise stimmten. Das war nicht unklug. Es war aber vor allem und offenkundig nötig!

An den Galgen mit ihnen!

Denn immer wieder kam es vor, dass die Brote zu teuer, zu klein oder schlecht gebacken waren. Und bisweilen waren Streckmittel drin, die da nicht reingehörten, die aber den Gewinn steigerten. Und so kannten sowohl die Städte als auch die Zünfte empfindliche Strafen für solche Liederlichkeiten. Die Sitten waren derb, und man war auch im Umgang mit Bäckern nicht zimperlich. Hohe Geldstrafen, auch Berufsverbote wurden gegen die üblen Brotbetrüger verhängt. Oder an den Pranger gestellt wur-

Job Adriaensz Berckheyde:
Der Bäcker (um 1681)

den sie, was sonst nur Kindsmörderinnen, Kupplerinnen, Biga-
misten und Dieben vorbehalten war. Gerne wurden sie auch in
Körbe, den „Schnellgalgen", über Kot- und Jauchegruben gesetzt, in die sie hineinfielen, wenn sie die Körbe verlassen und
nach Hause wollten. Beliebt war auch das „Bäckerschupfen":
Die Delinquenten wurden in einen Käfig aus Holz oder in einen
Korb gesetzt und mittels einer hebelartigen Vorrichtung mehrere Male unter Wasser getaucht.

Die Brezel – ein Mythos

Für die Bayern gehört „die Brez'n" zur heiligen Dreifaltigkeit der Biergartenseligkeit, die sich erst mit einer Brezel, Weißwürsten und einem Hellen einstellt. Die Schwaben lieben sie mit dick Butter drauf. In New York bevorzugt man sie eher mit Senf. Der Rest der Welt (die Brezel ist ein Exportschlager!) nimmt die Brezel, wie sie gerade kommt.

Die Form und der Name

Nur, warum sieht die Brezel aus, wie sie aussieht? Zunächst die seriöse Variante: Vermutlich geht sie auf die in der Antike bekannten Ringbrote zurück, die von den frühen Christen übernommen und als Abendmahlsbrot eingesetzt wurden. Vielleicht entstand die erste Brezel zufällig durch zwei aneinander gebackene Ringbrote? Vielleicht wandelte sich das Rundbrot aber auch im Laufe der Zeit zu einer sechser-ähnlichen Form, bei der ein Arm über den Ring hinausragte. Und irgendwann wurden die Brezelarme von zwei Broten zu einem Knoten verschlungen.

Vielleicht war dies sogar ein bewusster Vorgang, um die zum Beten früher vor der Brust verschränkten Arme zu symbolisieren? Das würde auch die, nein: eine vermutliche Herkunft des Namens erklären, der sich vom italienischen bracciatelli (lat. brachium, Unterarm) herleiten soll, was zu Deutsch so viel wie „kleine Ärmchen" bedeutet.

Die Legende und das Zunftzeichen

Und jetzt die Legende, besser: eine der Legenden. Sie erzählt vom Hofbäcker Frieder, der bei seinem Dienstherrn, Graf Eberhard von Urach, wegen eines Verbrechens in Ungnade gefallen

*Unabdingbarer Bestandteil bayrischer Biergartenseeligkeit:
die Brezn*

und zum Tode verurteilt worden war. Der Graf gab seinem berühmten Hofbäcker die Chance, sein Leben zu retten, wenn dieser innerhalb von drei Tagen ein Gebäck erfinden würde, durch das dreimal am Tag die Sonne scheine. Auch hier spielen die gekreuzten Arme die entscheidende Rolle, weil sich Frieder bei der Erfindung der Brezel von seiner Frau inspirieren ließ, als sie mit verschränkten Armen im Türrahmen stand, und versuchte, ihrem Mann die Panik auszureden, die ihn daran hinderte, um sein Leben zu denken.

Um der Wahrheit die Ehre zu geben: Die Form der Brezel war bereits im späten 12. Jahrhundert bekannt, also ca. 200 Jahre vor Graf Eberhard (1445–1496). Dafür taucht die Brezel um das Jahr 1300 erstmals als Zunftsiegel der Bäcker auf. Seither ist sie Bestandteil von Ladenschildern, Auslegern oder Türgriffen von Bäckereien, sodass man sofort erkennen kann, wo es frisches Brot gibt. Und so verwundert es auch nicht, dass die Brezel noch heute das Wappen des Zentralverbandes des Deutschen Bäckerhandwerks ziert.

Und noch eine Legende

Die salzige Laugenbrezel ist dem Volksglauben zufolge eine bayerische Erfindung des 19. Jahrhunderts: Als der königlich-württembergische Gesandte Wilhelm Eugen von Ursingen im Jahre 1839 in München weilte, pflegte er im Kaffeehaus des Hoflieferanten Johann Eilles in der Residenzstraße zu frühstücken. Beim Biss in eine der bestellten Brezeln musste er zu seiner Verwunderung feststellen, dass sie salzig und nicht wie üblich süß schmeckte. Was war geschehen? Ein Versehen! Der Bäckerlehrling hatte in einem Moment der Unachtsamkeit den Teig nicht wie üblich mit Zuckerwasser bestrichen, sondern mit Natronlauge, die man zum Reinigen der Bleche bereitgestellt hatte. Man mag das glauben. Oder auch nicht. Aber wer's glaubt, wird selig. Jedenfalls in Bayern. Biergartenselig.

Not macht erfinderisch

Die regelmäßigen Hungersnöte des Mittelalters bis weit in die Neuzeit sind kaum aufzählbar, so zahlreich waren sie von Jahrhundert zu Jahrhundert. Klimatisch bedingte Missernten waren häufig die Ursache – auch „Großereignisse" wie die Pest (14. Jahrhundert) oder der Dreißigjährige Krieg (1618–1648). Besonders unbeliebte Brandbeschleuniger waren die Getreidewucherer, die in Zeiten der Not das Getreide gerne künstlich knapp hielten, um die Preise in die Höhe zu treiben, wie besonders im 18. und 19. Jahrhundert. Die Folge waren nicht selten Aufstände, Revolten, Unruhen, die wie Mitte des 19. Jahrhun-

Ein Tischtuch aus Brot

Im Gegensatz zum einfachen Volk, das sein Brot mit Bohnen-, Erbsen-, Eichel- oder Kastanienmehl oder noch viel Schlimmerem strecken musste, waren die Tische von Adel und Klerus und die Tische des reichen Bürgers natürlich auch in Zeiten der Not vergleichsweise reich gedeckt – nicht zuletzt mit den unterschiedlichsten Brotsorten. Bisweilen bogen sie sich unter der Last der ganzen Repräsentationsprotzerei.

Doch hin und wieder empfand man an solchen Tischen auch Mitleid mit denen, die vor den Toren lungerten. So ist aus dem Hochmittelalter eine außergewöhnliche Interpretation der christlichen Nächstenliebe vom französischen Hof überliefert: Die „Tischtücher" bei Hofe bestanden aus Brot, auf dem das Fleisch geschnitten wurde. Die vom Fett und Wein getränkten Brot-Tischtücher, die „tranchoirs", wurden – wenn man sie nicht zum Abschluss des Banketts selbst verzehrte – an die Bedürftigen verteilt, die scharenweise vor den Toren kauerten.

Das war großzügig! Durchaus.

derts ganz Europa in Atem hielten. Auch der Französischen Revolution 1789 gingen Hungerproteste und Brotrevolten voraus. Man verlangte Brot, stabile Brotpreise und das Verbot von Getreideexporten.In jenen Zeiten der Not und des Hungers, wenn es um die nackte Existenz ging, erwies sich der Mensch über die Jahrhunderte hinweg als besonders erfinderisch, sein Brot zu strecken oder abenteuerliche Ersatzmittel zu verwenden. Fichtenrinde wurde ebenso verarbeitet wie Stroh und Schilf von den Dächern, ernährungsphysiologisch ebenso wertloser Strandhafer und Strandroggen, Eichelmehl, Wiesenkräuter, ja, Tonerde und getrocknetes Tierblut wurden untergemengt. Alles war besser als zu verhungern.

Brot und Brei – weißes Mehl und Vollkornbrot

War für die höheren Stände in der Regel mit einer reichhaltigen und verhältnismäßig abwechslungsreichen Kost gesorgt, so bestand für den Rest der Bevölkerung die Hauptenergiequelle vom Mittelalter bis ins 19. Jahrhundert hinein hauptsächlich aus Getreidespeisen. Zum einen aus Brei. Zum anderen aus Brot. Letzteres aßen diejenigen, die beim Bäcker in der Stadt einkaufen konnten oder in einem Haus lebten, in dem ein Backofen stand, wie z. B. das Gesinde der größeren Höfe, die Bewohner der Klöster oder einiger Bauern- und Stadthäuser.

In besseren Zeiten wurde man mit über einem Kilo Brot am Tag satt. In schlechteren Zeiten ging man mit nur 500 Gramm hungrig zu Bett. Wer sich Brot nicht leisten konnte oder keinen Ofen in seiner Nähe wusste, aß Brei – eine jahrtausendealte Konstante in der menschlichen Ernährung.

Besonders wertvoll und begehrt, aber mindestens ebenso selten und sehr teuer war im Mittelalter das weiße, aus fein gemahlenem und gesiebtem Weizen hergestellte Brot. Schätzungen zufolge konnten sich im 17. Jahrhundert gerade mal 4 % der Bevölkerung diese Kostbarkeit leisten. Sieht man von den Königshöfen, dem des französischen Ludwigs XIV. im Besonderen, einmal ab, kauften aber selbst Gutbetuchte solches Brot lange Zeit nur zu ganz besonderen Anlässen – oder wenn sie krank waren.

Weitaus verbreiteter waren grob gemahlene braune Vollkornmischbrote (Weizen und Roggen eher im Norden, Weizen und Gerste eher im Süden) und das schwarze Brot mit besonders viel Kleie.

Praktisch: Brotzeit im Zug, 1930

Die Moderne nimmt Fahrt auf

Die industrielle Revolution, die im 19. Jahrhundert Fahrt auf-
nahm und ihre ganze Wucht entfaltete, änderte alles. Viele
Menschen zogen vom Land in die stetig wachsenden Städte,
um in den Fabriken ihre Arbeitskraft zu Markte zu tragen.
Auf dem Land musste und konnte der dadurch bedingte zu-
nehmende Mangel an Arbeitskräften durch Maschinen ausge-
glichen werden. Die Produktivität der Landwirtschaft wurde
ebenso wie die anderer Industriezweige der Lebensmittelherstellung seither immer weiter erhöht.

Fortschritte in der Mahl- und Backtechnik (ein Meilenstein
war der Dampfbackofen Ende des 19. Jahrhunderts) ebenso wie die seit dem 19. Jahrhundert neu gezüchteten, immer
besseren und ertragreicheren Getreidesorten erhöhten die her-
stellbaren Mengen und die Qualität des Brotes. Und sieht man
von den beiden Weltkriegen ab, gehörten auch verheerende
Hungersnöte in Europa der Vergangenheit an.

Eine Tradition stirbt

Die alte Tradition, auf dem Land sein Brot mit dem selbst gemahlenen Mehl aus selbst angebautem Getreide zu backen, befand sich seit der Wende vom 19. auf das 20. Jahrhundert auf einem steten Rückzug. Das Bäckerbrot aus der nächstgelegenen Stadt war nicht aufzuhalten. Selbst die entlegensten Weiler konnte man irgendwann beliefern, vor allem, nachdem der Pferdewagen vom Automobil ersetzt wurde. Irgendwann in den Wirtschaftwunderzeiten gaben schließlich auch die letzten Bauern das Brotbacken auf, von den Alpen bis nach Schleswig.
Nach dem 2. Weltkrieg nahm das Bäckerhandwerk wie andere Industriezweige der Lebensmittelherstellung alsbald enorm an Schwung auf. Der Nachkriegswohlstand verlangte nicht nur nach Fleisch, sondern auch nach Brot. Also wurde das gute alte Bäckerhandwerk modernisiert, Intensivknetmaschinen und Hochleistungsöfen kamen zum Einsatz. Schließlich begannen auch Großbäckereien mit ihren Filialen das Land zu überziehen. Brot ist heute an jeder Ecke erhältlich. 13 000 Backbetriebe stellen allein in Deutschland die Versorgung mit Brot sicher – in einer ungeheuren Vielfalt. An Brot mangelt es uns nicht mehr! Bestenfalls an gutem Brot. An einem Brot, dass nicht mit jeder Menge Backchemie künstlich aufgepumpt ist. Ein Brot, das noch traditionell hergestellt wird. Ein Brot, das noch nach Brot schmeckt und sein eigener kulinarischer Star ist!

Ein Bäcker-„Laden"

Was uns heute selbstverständlich erscheint, nämlich in einem Bäckerladen, also im Verkaufsraum einer Bäckerei, unser Brot zu kaufen, ist eine noch relativ junge Einrichtung. Ein Ladengeschäft im Sinne eines von der Backstube getrennten Verkaufsraumes setzte sich nämlich erst im Laufe der Industrialisierung im 19. Jahrhundert durch. Bis dahin wurden die Backwaren (wie andere Waren auch) auf Märkten verkauft. Feilgeboten wurde die Ware auf einfachen Brettern, mittelhochdeutsch „lade", oder auf den einfach heruntergeklappten Fenster-„Läden" der Bäckereien. Daher rührt auch der Name „Laden" für Verkaufsraum.

Darüber hinaus hielt sich auch noch recht lange ein Service, den man sich für heute wohl zurückwünschte: Die Warenlieferung „frei Haus". Sie war noch bis weit ins 20. Jahrhundert einer der wichtigsten Vertriebswege für Brot. Mobile Verkäufer verkauften das Brot auf der Straße oder direkt an der Haustür.

Mühlen, Mehl und
Bäckermeister

Die Sehnsucht nach dem guten Bauernbrot

Vincent Klink, Fernseh- und vor allem Sternekoch im Restaurant Wielandshöhe in Stuttgart, beschreibt in seinen Erinnerungen *Sitting Küchen-Bull*, wie er als 7-jähriger Pimpf seinen Vater, einen Tierarzt, bei seinen Ausflügen aufs Land zu den Bauernhöfen begleitete. Die Beschreibung seines Lebens, das ihm als eine einzige „Schule des Geschmacks" geriet, beginnt er mit der lebhaften Schilderung einer Szene, wie er sie als Kind oft erleben durfte. Nach getaner Arbeit im Stall bei den Tieren saßen sein Vater und er an einem blankgescheuerten Eichentisch in der Küche des Bauernhofes und ließen sich von der Bäuerin bewirten. Auf den Tisch kam, was auf einem Bauernhof Mitte der 1950er Jahre im Schwäbischen eben so auf den Tisch kam.

Um seinen Durst zu stillen, wurde dem Vater „Bieramoscht", also Birnenmost, eingeschenkt. Dem kleinen Vincent reichte die Bäuerin Quittensaft. Auf ein Holzbrett legte sie sodann Blut- und Leberwürste, die verführerisch nach Majoran und Piment dufteten. Und dann nahm die Bäuerin einen riesigen Brotlaib in den Arm, klemmte ihn unter ihre blau bekittelte Brust und schnitt behände große, dicke Scheiben vom Laib, indem sie ein scharfes Messer mit beängstigender Kraft durch den Laib Richtung Brust zog.

Die Sehnsucht nach der Rarität

Darum geht es! Um ein klassisches Bauernbrot. Groß, vielleicht ein Vierpfünder, mit dicker Kruste! Naturgesäuert, womöglich auch noch in einem Holzofen gebacken, was dem Brot ein ganz besonderes Aroma verleiht. Das ist – Genießer schwören es! – die Ur-Erfahrung von gutem Brot! Klink, der aus solchem Brot geschmierte Stullen damals auch als Pausenverpflegung mit in die Schule nahm, wurde deswegen gehänselt. Seine Mitschüler liefen bereits mit modernem Industriebrot auf, fein und feucht und aus dem Konsum.

Diese Kindheitserinnerungen am Übergang der Nachkriegszeit zur Wirtschaftswunderzeit markieren ziemlich genau den Eintritt in heutige Brotzeiten, in denen jenes traditionelle Bauernbrot, das vor 50 Jahren noch als rückständig galt, als ein Relikt aus Zeiten der backtechnischen Vormoderne – handgemacht! Bauernhof! provinziell! –, eine begehrte Rarität darstellt. Für Kenner und Brot-Connaisseure jedenfalls. Sie verzehren sich förmlich vor – man sollte sich nicht scheuen, es auszusprechen – Sehnsucht nach einem solchen deftigen, handwerklich sauber hergestellten Bauernbrot.

Und die Tatsache, dass nicht unbedingt jede Bäckerei, die handwerklich noch sauber backt – also ohne all die kleinen chemischen Helferlein –, allein deswegen schon gutes Brot herstellt, macht die Sache ja nicht einfacher.

Schlange stehen!

Was auch immer sie antreibt, es gibt tatsächlich Menschen, die, wie der Autor dieses Buches, für ein gutes Land- oder Bauernbrot (oder einen guten *Filone* oder ein erstklassiges *Baguette* etc.) quer durch die ganze Stadt fahren, um sich in irgendeiner Traditionsbäckerei in eine Schlange zu stellen – was so manche Zeitgenossen nur mit fassungslosem Kopfschütteln zu kommentieren geneigt sind. Selbst jene, denen guter Geschmack etwas wert ist.

Aber die, die in der Schlange stehen, wissen, warum sie da stehen. Mit dem einen oder anderen kommt man zwangsläufig

*Ich will Ihnen ein Brot
backen, das so gut ist, dass
man es nie nur als Beilage
isst. Ein eigenständiges Mahl,
einem Gourmet würdig.
Keiner wird mehr sagen: „Ich
habe ein Käsebrot gegessen."
Stattdessen wird es heißen:
„Ich habe ein Stück Brot
genossen, mit etwas Käse
drauf."*

AUS DEM FRANZÖSISCHEN FILM
„LA FEMME DU BOULANGER"
(DIE FRAU DES BÄCKERS), *1938*

ins Gespräch, hört mit Staunen, dass sie von noch weiter her-
gekommen sind als man selbst, vom Dorf sogar, vor den Toren
der Stadt, eine halbe Weltreise: „Herrje, von so weit kommen
Sie hier runter in die Stadt?"

„Ja, was sollen wir machen. Der letzte Bäcker, der bei uns auf
dem Land noch vernünftiges Brot gebacken hat, hat vor 15
Jahren zugemacht. Seither gibt's bei uns da oben nur noch einen Supermarkt. Aber mir war diese ganze in Plastik verpackte
bappige Industrieware im Supermarktregal immer ein Graus.
So was esse ich nicht. Meine Frau auch nicht. Etwas später gab's
wieder eine Bäckerei, im Supermarkt integriert. Aber das war
nur die Niederlassung von einer dieser Bäckereiketten."

„Und da fahren Sie den ganzen Weg bis hierher? Für Brot?"

„Ach, wissen Sie, ich hab ja die Gnade der frühen Geburt. Ich
weiß eben noch, was ein wirklich gutes Brot ist. Von früher,
als es noch richtige Bäcker gab. Und was die Filialisten da für
Teiglinge in den Ofen schieben, das hat doch mit Brot nix
mehr zu tun. Das sind doch alles vorgefertigte Backmischungen mit weiß der Teufel was drin. Die beziehen ihre Teiglinge
doch zum Teil aus China. Das hat mit dem Brot *hier* aber auch
nicht ansatzweise irgendetwas gemeinsam. Da fahren wir lieber ein paar Kilometer."

Weite Wege gehen

Und da sind sie nicht allein. Wer sich an „höherer Stelle" erkun-
digen möchte, was man auf der Suche nach gutem Brot alles
veranstalten kann, dem sei das Buch von Martina Meuth und
Bernd Neuner-Duttenhofer *Wo die glücklichen Hühner wohnen*
anempfohlen. Im Brotkapitel schildern die beiden kulinarischen
Journalisten und Fernsehköche, welche Wege sie seit Jahrzehnten gehen und fahren, um an eine entsprechende Brotqualität
zu gelangen und Bäckereien zu finden, die noch ohne jede Back-

chemie auskommen und hervorragende Brotqualitäten anbieten. Was im Übrigen nichts mit der Betriebsgröße zu tun hat: Auch Großbäckereien können grandioses Brot erzeugen!

Es bleibt dabei: Wer nicht das unverschämte Glück hat, eine solche Bäckerei in seiner unmittelbaren Nähe zu haben, wird für gutes Brot schon mal durch die ganze Stadt fahren müssen. Oder auf das Land. Hin und wieder gibt es sie ja noch, die Bäckereien (s. S. 105), Bauernhöfe oder Dorfgemeinschaften, die den Holzofen anschmeißen und traditionelles Brot backen. So wie früher. Auch hier lohnt sich oft der Weg. Und das Schlangestehen!

Wie man ein Bauernbrot im Holzofen backt

Wie der Urtyp eines im Holzofen gebackenen Bauernbrotes früher auf dem Land hergestellt wurde, davon gibt Hans Meise 1959 in dem volkskundlichen Büchlein „So backt der Bauer sein Brot" beredtes Zeugnis. Detailliert und fernab jedweder Romantisierung beschreibt er Planung und Durchführung der traditionellen Backtage, wie sie auf einem niedersächsischen Bauernhof früher Alltag waren.

In beschaulicher Dämmerstunde, „die so recht dazu angetan ist, Fragen der täglichen Arbeit zu ‚besnacken'", mag das Backen vom Bauer wie folgt eingeleitet worden sein:

> *„Mudder, wi möt ook an Brot denken, woveel Bröe hewwt wi noch?"*
> *„Vadder, ik will mol taukieken, ik kam gliek wedder. Leiwe Tied, da sünd man noch sess Bröe!"*
> *„Wat, mehr sünd dat nich? Denn möt wie maken, dat wi dat Moller in die Möhl kriegt ..."*

Nachdem der Müller das Korn zu Mehl hatte mahlen lassen, konnte mit den Backvorbereitungen begonnen werden:

Der Vorteig

Am Abend vor dem Backtage wird der Vorteig in einer Ecke des Backtroges angesetzt. Die Hausfrau holt zu diesem Zweck den Sauerteig herauf, der vom letzten Backen in einem Steinguttopf oder einem Holznapf wohl verschlossen im Keller aufbewahrt war. (...)

Der Backtrog, das wichtigste Gerät während des Backens, ist meist ein über Generationen hinweg bleibendes Erbstück der Bauernfamilie. Sein Umfang entspricht gewöhnlich der Größe

des Hofes und erreicht auf den großen Bauernwirtschaften Nie-
dersachsens (...) eine Länge von 5 Metern, sodass daran oft sechs
Personen zum Kneten des Teiges Platz haben. (...)

Etwa ein Viertel des vorgesehenen Mehls wird in der Backmulde
angesetzt. Zu diesem Zweck stellt man den Backtrog im Winter
in die warme Stube neben den Ofen, weil der Teig zum „Gehen"
Wärme benötigt. Der Sauerteig wird von seiner äußeren Krus-
te, die sich durch die lange Lagerung gebildet hat, befreit, und
der übrig bleibende weiche Teig wird nun sorgfältig in warmem
Wasser durch Umrühren aufgelöst. Diese Lösung wird nun dem
Mehle zugegeben und so lange gerührt und geknetet, bis die Mas-
se so steif wie Grießbrei ist. (...)

Nun ist der Vorteig angesetzt und die Hausfrau kann ihn „gehen
lassen". Nach altem Volksglauben hatten jetzt Hexen und böse
Geister Gelegenheit, ihren Schabernack mit dem Teig zu treiben
und sein Aufgehen zu verhindern. So kam der Brauch auf, durch
Einzeichnen eines Kreuzes in den Teig die Geister von ihrem bö-
sen Tun abzuhalten. (...)

Am Morgen ist dann der Vorteig um das Doppelte seines Volu-
mens vergrößert. Das Ende des Gärprozesses ist an den Kohlen-
säurebläschen festzustellen, die sich an der Oberfläche gebildet
haben. Zerdrückt man einige und es entstehen keine neuen, dann
kann man mit der Zubereitung des Teiges beginnen.

Der Teig

Neben dem Backtrog steht der Mehlsack, aus dem die erforder-
liche Menge Mehl nach und nach dem Vorteig beigemengt wird,
und unter Zugießen einer schwachen Salzlauge beginnt die
schwierigste Arbeit des Backens, das Teigkneten. (...)

In Niedersachsen (...), wo auf den großen Höfen oft zwei bis drei
Zentner Roggenschrot zu schwerem Schwarzbrot (...) verbacken
wurden, war das Teigkneten eine solche Pferdearbeit, dass sie

von der Frau allein nicht bewältigt werden konnte. Oft waren sechs Personen über den großen Backtrog geneigt und kneteten und mengten zwei bis drei Stunden lang (...) Das Kneten (...) mit den Händen scheint jedoch eine Errungenschaft der jüngeren Vergangenheit zu sein. Vor hundert Jahren noch wurde der Teig mit den Füßen geknetet. Zu diesem Zwecke musste der stärkste Knecht seine Füße besonders sorgfältig waschen. (...)

Ruhen und Ausbroten

Nach dem Kneten bleibt der Teig etwa eine Stunde stehen, und dann beginnt das „Ausbroten", d.h. das Formen des Teiges zu Broten. Die Brotformen sind mannigfaltig und landschaftlich gebunden. Das aus ungebeuteltem (ungesiebt, Anm. d. V.) Roggenschrot gebackene Schwarzbrot Niederdeutschlands hat allgemein eine rechteckige Kastenform. Wie schon erwähnt, wog in früheren Zeiten ein Laib zwischen zwanzig und fünfzig Pfund (...) Auch das in der Magdeburger Börde gebackene Graubrot (...) wog früher mehr als zwanzig Pfund. (...) Doch schon in friderizianischer Zeit kam der Brauch auf, kleinere (...) Brote herzustellen, sehr zum Missbehagen vieler Geistlicher, Kantoren und Organisten, zu deren Einkommen die Lieferung eines oder mehrerer Brote am Neujahrs- oder Ostertage aus jedem Haus gehörte. (...) Die ausgebroteten Teiglaibe werden auf besondere Brotbretter gelegt und auf diesen zum Backhaus getragen. (...)

Das Heizen des Backofens ist Aufgabe des Mannes. Als Heizmaterial wird das Holz verwendet, das die Landschaft anbietet. (...) Nach dem Einheizen, das ungefähr eine Stunde dauert, wird die Glut mit der hölzernen „Ofenkrücke" gleichmäßig über den ganzen Backofenboden, den Herd, verteilt, damit sie verfallen kann (...) Nach dem Verfallen der Glut wird die Asche in das Aschenloch (...) „gerakt", der Ofen mit einem nassen Ginsterbesen (...) ausgewischt und ist nun fertig zum „Einschießen" der Teiglaibe. (...)

Einschießen und Backen

*Das Einschießen geschieht fortlaufend, damit alle Brote gleich-
mäßig der Hitze ausgesetzt werden. (...) Die Backdauer richtet
sich nach Art und Größe der Brote und schwankt zwischen einer
und drei Stunden. (...) An der Farbe oder durch Beklopfen der
Brote erkennt die Hausfrau, ob sie gar sind. Sie werden nun ein-
zeln (...) herausgezogen und wie beim Einschießen mit warmem
Wasser (...) abgebürstet und auf die Brotbretter an der Wand des
Backhauses gelegt. Voll Stolz betrachtet die Bäuerin die glänzend
braunen oder schwarzen Laibe.*

*Helene Schjerfbeck:
Die Bäckerei (1887)*

Und noch ein Wort zum Holz

Die Bauern haben zum Heizen immer das Holz verwendet, das in der Region verfügbar war und ist. Ob Fichte, Buche, Olivenholz, Erle, Salweide oder Rebenholz – jedes Holz erzeugt seinen ihm eigenen Rauch und übermittelt dem Brot seine typischen Aromen. Das ist es, was Holzofenbrot so unverkennbar kräftig und so sensationell im Geschmack macht – aber auch so individuell. Das gleiche Brot, mit unterschiedlichem Holz gebacken, ergibt zwei unterschiedliche Brote.

Hans Meise fragte bei seinen Reisen in der 1950er Jahren durch Oberhessen und das Siegerland die Bauern, warum sie sich noch die Mühe machen würden, ihr eigenes Brot zu backen, statt beim nächsten Bäcker bequem einzukaufen. Die Antwort war entwaffnend einfach: „Unser Hausbrot schmeckt besser!" Und Meise zieht aus allen seinen Erfahrungen ein ebenso einfaches wie nachvollziehbares Resümee: Nun, über Geschmack lässt sich streiten (...). Aber es ist nicht zu leugnen, dass Hausbrot kerniger ist und würziger schmeckt. Die Ursache scheint in dem Holzfeuer zu liegen, mit dem das Backofengewölbe erhitzt wird. Es wirkt also nicht allein die heiße Luft auf die Teiglaibe ein, sondern auch der Rauch des verbrannten Holzes, mit dem die Luft in dem Gewölbe erfüllt ist.

Die einfachen Zutaten für einfach gutes Brot

Eigentlich ist Brot backen ganz einfach. Man braucht Mehl, ein Triebmittel (Sauerteig oder Hefe), ein bisschen Salz und eine Flüssigkeit (in der Regel Wasser) – und einen Backofen. Mehr braucht es im Prinzip nicht! Beginnen wir beim Getreide, aus dem brotfähiges Mehl hergestellt werden kann.

Weizen

Das weltweit und auch in Deutschland am häufigsten zum Brotbacken verwendete Getreide ist Weizen, genauer: Weichweizen. Aus dem artverwandten Hartweizen macht man Hartweizengrieß und daraus Nudeln. Die Italiener machen daraus zum Teil auch Brot (dazu später mehr). Weizen ist im Vergleich zum robusten Roggen eher eine kleine Diva. Er braucht Licht und Wärme und eine gute Bodenqualität, weshalb der Weizen sich ursprünglich eher bei unseren Nachbarn im Süden und im Westen heimisch fühlte.

Die heutigen Weizensorten haben mit den Sorten von vor mehreren Jahrzehnten und Jahrhunderten nichts mehr gemein. Widerstandskraft und Anbausicherheit ebenso wie Ertrag und Inhaltsstoffe sind züchterisch erheblich verbessert worden. Insgesamt 140 Winter- und Sommersorten sind beim Bundessortenamt eingetragen. Dazu kommen noch einmal fast 30 EU-Sorten, die in anderen EU-Ländern eingetragen sind.

Weizen hat einen hohen Eiweiß- und Vitamin-B-Gehalt und liefert Kalium, Phosphor, Magnesium und Kieselsäure. Der besonders hohe Klebereiweißgehalt garantiert eine sehr gute

Backfähigkeit für Brot, aber auch für Kuchen und Kleingebäck. Weizenbrote sind leichter verdaulich und bekömmlicher als (reine) Roggenbrote.

Zwischen 22 und 25 Mio. Tonnen Weizen werden jedes Jahr in Deutschland geerntet (davon werden ca. 8 Mio. Tonnen zu Brotmehl vermahlen). Die Stars bei der Weizenerzeugung in der EU sind allerdings die Baguette-begeisterten Franzosen mit einem Anteil von 29 % vor Deutschland (18 %) und Großbritannien (11 %).

Roggen

Der Roggen ist der robustere Kollege des Weizens. Er gedeiht selbst in schlechtem Boden und in rauem Klima, was ihn in der Vergangenheit zu *dem* deutschen Getreide (und dem Nordeuropas) gemacht hat. Das hat sich seit der Nachkriegszeit allerdings ein wenig verschoben. Zwar liegen Roggen- und Roggenmischbrote sowie Vollkornbrote aus Roggen in der Käufergunst insgesamt relativ weit oben, doch reine Roggenbrote ergeben ein schweres, dunkles Brot mit einem sehr hohen Sättigungsgrad. Deshalb wird Roggenmehl gerne mit mehr oder weniger viel Weizenmehl zu einem der sehr beliebten Mischbrote (Roggenmischbrot: Roggenanteil über 50 %, Weizenmischbrot: Weizenanteil über 50 %) kombiniert. Zwischen 3,5 und 4,5 Mio. Tonnen Roggen werden jährlich in Deutschland geerntet.

Roggen enthält wie Weizen ebenfalls sehr viele wertvolle Mineralstoffe und auch viele B-Vitamine. Roggen ist in der Verarbeitung aber deutlich kapriziöser. Er kann mehr Wasser aufnehmen, schließt sich langsamer auf und muss deshalb länger geknetet werden. Zudem braucht Roggen zur Brotverarbeitung Sauerteig. Hefe, wie beim Weizenbrot, reicht ihm nicht.

Dinkel

Dinkel (eine Kreuzung aus Hartweizen, Emmer und Einkorn) war vor nicht allzu langer Zeit noch eine wichtige Feldfrucht in Mitteleuropa, auch in Deutschland. In den 1930er Jahren hielt sich in einigen Regionen Deutschlands (z. B. Schwaben) die Anbaufläche für Weizen und Dinkel die Waage. Dinkel stellt ähnlich wie Roggen keine großen Ansprüche an Bodenqualität und Klima. Er hat für eine auf Massenkonsum ausgerichtete Landwirtschaft nur einen einzigen Nachteil: Er ist ertragsschwach und liebt auch den Einsatz von Dünger nicht wirklich. Im ökologischen Landbau erlebt er deshalb allerdings eine „Renaissance". Die Nährstoffmuster sind dem des Weizens sehr ähnlich, d. h. er hat in der Regel (von Sorte zu Sorte unterschiedlich) einen hohen Eiweißgehalt und gute Kleberqualitäten. Und vor allem: Dinkel ist für alle Weizenallergiker *die* Alternative (es sei denn, sie haben auch eine Glutenunverträglichkeit).

Grünkern ist das im halbreifen Zustand („Milchreife") geerntete Korn des Dinkels. Zur Brotverarbeitung muss es aber zunächst getrocknet („gedarrt") werden.

Und die anderen Getreide?

Emmer und **Einkorn** sind zwei Unterarten des Weizens, über die viel geredet und geschrieben wird, die aber in der Backstube ein reines Nischendasein fristen. Emmer gilt zwar als Vorfahre des heutigen Hartweizens, weist aber auch dessen typische Kornhärte auf und fordert lange Quell- und Gärzeiten. Einkorn gilt als das erste Kulturgetreide überhaupt, als die Urform aller Weizenarten, liefert aber nur sehr geringe Erträge. Zudem ist Einkorn wegen der schlechten Klebereigenschaften (kaum dehnbar, oft schmierig) „solo" zum Brotbacken kaum geeignet.

Hafermehl bzw. Haferflocken können bestenfalls einem Brotteig aus Weizen zugegeben werden. Als Brotmehl eignet sich Hafer nicht.

Auch **Gerste** spielt für die Brotherstellung heute keine Rolle. Gerste ist ein Futtermittel – und die Grundsubstanz für Bier und Whiskey.

Die Triebmittel

Hefe ist das Triebmittel der Wahl für Weizenbrote (einige werden jedoch auch mit Sauerteig, dem Weizensauer, hergestellt). Hefe ist nichts anderes als ein Pilz, der die Stärke bzw. den Zucker des Mehls spaltet und in Kohlendioxid und Alkohol umwandelt. Dabei entstehen jene Luftblasen, die – größer oder kleiner – die Krume des Brotes auflockern.

Natursauerteig ist für die Zubereitung von reinen Roggenbroten unabdingbar. Erst der Natursauerteig ist in der Lage, Roggen aufzuschließen und biologisch verwertbar zu machen. Roggensauer ist eigentlich nichts anderes als ein in Gärung befindlicher Roggenteig, den man mit Roggenmehl und Wasser ansetzt. Milchsäurebakterien und Sauerteighefen produzieren

während dieses Gärungsprozesses Kohlendioxid, Milchsäure, Essigsäure und ein wenig Ethanol. Mit diesem Sauerteig bereitet man dann den eigentlichen Brotteig aus Roggenmehl zu. Reines Roggenmehl kann nicht mit Hefe verarbeitet werden. Mischbrote aus Roggen- und Weizenmehl können mit Natursauerteig *und* Hefe oder auch nur mit Hefe hergestellt werden. Bestimmte Weizenbrote wie das italienische Ciabatta werden mit Weizensauer (aus Weizenmehl und Wasser) hergestellt.

Backferment ist im Grunde ein milder Sauerteig, der mit Honig und, im Unterschied zum herkömmlichen Sauerteig, nicht mit Roggenmehl, sondern mit Weizen- oder Dinkelmehl angesetzt wird. Backferment nimmt in der Herstellung und bei der Anwendung zwar viel Zeit in Anspruch, dafür kann man aber Teige, die nicht überwiegend aus Roggen hergestellt werden, ohne Zusatz von Hefe verarbeiten. Das macht solche Brote auch für Allergiker interessant.

Der Faktor Zeit

Ob Hefe oder Sauerteig: Brot braucht Zeit! Zeit ist der wichtigste Faktor für gutes Brot. In der Ruhe einer langen Gär- und Teigführung liegt das Geheimnis für ein bekömmliches Brot mit einer ansprechenden Struktur und Textur und einem herausragenden Geschmack. Denn all die vielfältigen natürlichen Umwandlungsprozesse brauchen Zeit. Die Teigführung mit Weizenmehl z. B. kann bis zu 48 Stunden in Anspruch nehmen. Nicht zuletzt braucht auch der Abbau natürlicher Gifte einfach Zeit. Das betrifft vor allem Vollkorn- oder Mehrkornprodukte. Denn in den äußeren Schichten der Getreidekörner haben die Pflanzen Abwehrstoffe eingebaut, um sich davor zu schützen, gefressen zu werden. Das Getreide kann ja nicht wissen, dass zumindest der Mensch ein vitales Interesse am Fortbestand des Getreides hat.

Kräuter und Gewürze und vieles mehr

Mehl, ein Triebmittel, ein bisschen Salz, eine Flüssigkeit und viel Zeit – im Grunde ist es das. Mehr braucht man nicht. Eigentlich einfach. Eigentlich. Aber so einfach ist es natürlich nicht. Man würde einem so alten Handwerk wie dem der Bäcker Hohn sprechen, wollte man behaupten, das Zusammenrühren dieser Grundzutaten würde bereits den Bäcker machen, geschweige denn den guten Bäcker. Es kommt schon noch einiges hinzu. Da sind zunächst einmal die unendlich vielen Gewürze wie Anis, Kümmel, Fenchel, Koriander u.v.m. Da ist die Bandbreite so ziemlich aller Kräuter, die man beim Brotbacken verwenden kann. Hinzu kommen getrocknetes Obst oder Tomaten, Oliven, Möhren und andere Gemüse, Nüsse, Mandeln, Pinienkerne, Leinsamen, Sesam, Sonnenblumen- und Kürbiskerne – und so weiter und so fort. Der Fantasie sind keine Grenzen gesetzt.

Kneten und Ruhen

Auch die Teigbehandlung spielt eine ganz entscheidende Rolle. Wird er maschinell geknetet und wenn ja, von welchen Maschinen? Und wie lange? Geht der Knethaken langsam durch die Masse oder findet eine Intensivknetung im Turbogang statt? Oder wird er noch von Hand gewalkt und geknetet wie seit Jahrhunderten? Es gibt Bäcker, die bestimmte Teige nur mit der Hand bearbeiten. Die könne man nicht mit der Maschine kneten, das sei eine einzige Würgerei, weil der Teig zu feucht für die Maschine sei.Und dann die Ruhephasen des Teiges. Das geht in der Regel nicht mit einem Powernapping wie im Büro. Ein Teig braucht Zeit. Der eine mehr, der andere weniger. Ein guter Bäcker weiß aus Erfahrung, wie viel.

Die Temperatur

Und nicht zu vergessen die Temperatur. Nach der Zeit der wichtigste Faktor für gutes Brot. Nicht nur die Temperatur im Ofen. Nein, erfahrene Bäckermeister schwören für ein echtes Gelingen auf komplizierte Temperaturformeln, in die die Außentemperatur, die Temperatur der Wände, der Backstube, die Temperatur oberhalb des Mehlsacks oder in der Teigschüssel, die Temperatur des Mehls, der Flüssigkeit und aller Backutensilien einfließen. Da wird multipliziert und subtrahiert, dass es eine wahre Freude ist. Von den Temperaturen und der präzise regelbaren Luftfeuchtigkeit in den Hightech-Öfen ganz zu schweigen. Und für die kulinarische Königsklasse, das Brot aus einem holzbefeuerten Ofen, sollte man ebenfalls wissen, was man tut, welches Holz dem Brot welches Aroma verleiht und bei welcher Gluthitze man welches Brot in den Ofen einschießen kann. Und last but not least spielt natürlich auch die Güte des Mehls eine entscheidende Rolle.

Die Mühle und das Mehl

Im Wald steht eine Mühle, ein grau verwettert Haus", heißt es in einem Gedicht von Heinrich von Reder (1824–1909), der damit dem über die Jahrhunderte entstandenen Kaleidoskop von Gedichten und Märchen zum Mythos der geheimnisumwitterten Mühlen „im Wald" eine weitere romantische Facette hinzufügte (s. rechts).

Im Wald steht aber schon lange keine Mühle mehr. Jedenfalls keine geheimnisumwitterte. Es sei denn als Museum. Moderne Mühlen, auch die kleineren alten Traditionsbetriebe im ländlichen Raum, von denen es noch einige gibt, sind mittlerweile alles hochmoderne Industriebetriebe.

Bis ins 19. Jahrhundert war das jahrhundertealte System der kleinen klappernden Mühle am Bach, der von Wasser, Wind oder von Zugtieren getriebenen Mahlwerke, erhalten geblieben. Mit der Einführung der Dampfkraft aber setzte der Wandel zu Großmühlen ein. Seit Ende des 19. Jahrhunderts die schwerfälligen Mühlsteine durch sehr viel effektivere Metallwalzen ersetzt wurden und mit der Erfindung immer modernerer Verfahrenstechniken entwickelten sich die Mühlen zu jenen produktiven Hochleistungsbetrieben, die sie heute sind. Und von denen brauchte man tendenziell im Laufe der Jahrzehnte immer weniger. Waren es 1950 noch fast 19 000 Mühlen, so schrumpfte der Bestand in Deutschland auf 2500 im Jahre 1980 bis auf gerade einmal ca. 550 heute. Und von diesen wiederum produzieren etwas mehr als die Hälfte weniger als 1000 Tonnen Mahlerzeugnisse und werden deshalb statistisch gar nicht erst erfasst. Bundesweit versorgt eine (statistisch erfasste) Mühle durchschnittlich ca. 325 000 Einwohner mit Mehl und anderen Mahlerzeugnissen.

Im Wald steht eine Mühle,
ein grau verwettert Haus,
dort drängt aus enger Felsschlucht
der Wildbach sich heraus.

Des Abends sitzt am Fenster
Des Müllers junges Weib
Und schaut aufs alte Schöpfrad
zu Langerweil Vertreib.

Das Wasser schießt hinunter
Und dreht im Sturz das Rad.
Das Weib dreht einen Garnstrang
und sinnt auf böse Tat.

HEINRICH VON REDER (1824–1909)

Autarkes Brotland

Fast alles Getreide und Mehl, das man in Deutschland für die Erzeugung von Brot benötigt, wird auch in Deutschland geerntet bzw. gemahlen. So stammen 95 Prozent des Weizens, den deutsche Mühlen verarbeiten, von deutschen Feldern. Beim Roggen stehen dem Bedarf von rund 1 Mio. Tonnen Erntemengen von 3,5 bis 4,5 Mio. Tonnen gegenüber. Die Mühlen können sich also die besten Qualitäten aussuchen. Der Rest wird verfüttert oder exportiert.

Insgesamt werden in Deutschland pro Jahr mit Schwankungen rund 28 Mio. Tonnen Weizen und Roggen geerntet. Die deutschen Mühlen vermahlen im Jahr davon rund 8 Mio. Tonnen Brotgetreide, ca. 7 Mio. Tonnen Weichweizen und 800 000 Tonnen Roggen und ca. 400 000 Tonnen Hartweizen. Am Ende rieseln 5,6 Mio. Tonnen Weizenmehl, 750 000 Tonnen Roggenmehl sowie 300 000 Tonnen Mahlerzeugnisse aus Hartweizen in Tüten und Säcke.

Dabei werden vor allem die Weizenmahlerzeugnisse hauptsächlich regional vermarktet: Zwei Drittel aller Weizenmehle, -schrote und -grieße finden ihren Weg zum Kunden in der unmittelbaren Umgebung bzw. im eigenen Bundesland. Nur ein Achtel der Weizenmahlerzeugnisse wird überregional verwendet. Die meisten Betriebe liegen in Süddeutschland (Bayern, Baden-Württemberg, Rheinland-Pfalz und Saarland).

Mehl ist nicht gleich Mehl

Mehl ist jedoch nicht gleich Mehl. So wie Getreide nicht gleich Getreide ist. Das Getreide unterscheidet sich von Jahr zu Jahr und von Getreidesorte zu Getreidesorte. Die Sorten sind nicht nur unterschiedlich in Größe und Ergiebigkeit, sie sind auch unterschiedlich im Proteingehalt und hinsichtlich

der Klebereigenschaften sowie der Backeigenschaften. Laboruntersuchungen geben darüber Aufschluss, welche Mehle von welcher Getreidesorte mit welcher Eigenschaft schlussendlich miteinander gemischt werden können, um am Ende ein gut backfähiges Mehl anzubieten.

Masse und Klasse

Und wie so oft gibt es auch beim Mehl und beim Brot einen Zusammenhang zwischen Masse und Klasse. Der Kunde der Mühle bestimmt letztlich die Qualität des Mehls, das in die bzw. aus der Tüte rieselt. Wer große Mengen Mehl bestellt, die er als Lockvogelangebot zu einem Kampfpreis ins Discounterregal stellen will, darf zwar ein backfähiges, aber kein besonders hochwertiges und ausnehmend backfreudiges Mehl erwarten. Hochwertigere Mehle und Mehlmischungen für anspruchsvollere Kunden haben hingegen ihren Preis.

Auch viele kleine Mühlen, die rein mengenmäßig die Bestellmengen der großen Mehlmarken und Supermarktketten gar nicht bedienen könnten, suchen und finden oftmals ihr Glück in der Qualitätsnische. Bei denen kaufen vor allem Bäcker ein, die ihr Brot weniger über den Preis als vielmehr über die Qualität verkaufen. Bei diesen Mühlen können oft aber auch die Endkunden einkaufen, die ihr Brot und ihren Kuchen selbst zu Hause backen möchten. Ein Blick ins Internet kann da lohnen. Ein Klick und Sie erhalten bestes Mühlenmehl, das mit einem Discountermehl nichts gemein hat.

Die Typenzahl

Hätten Sie's gewusst? Woher diese seltsamen Zahlen auf den Tüten von Weizen-, Roggen- oder Dinkelmehl stammen? Die Typenzahl der einzelnen Mehle wird aus der sogenannten Aschezahl ermittelt. Zur Veranschaulichung: Wenn 100 g wasserfreies Mehl bei ca. 900 °C verbrannt werden, dann bleiben am Ende die nicht brennbaren Mineralien übrig, die Asche. Anhand dieser Rückstände, der Aschezahl, werden die Mehle typisiert. Bleiben also z. B. 510 bis 630 Milligramm Asche übrig, schlägt man das Mehl der Type 550 zu. Je höher also die Typenzahl, desto mehr ist vom ganzen Korn enthalten, desto höher ist der Mineralstoffgehalt des Mehls und desto dunkler ist es.

Mehltypen

Mehle unterscheidet man nach dem entsprechenden Ausmahlungsgrad und der unterschiedlichen Körnung.

Dunst liegt im Mahlgrad zwischen Mehl und Grieß. Er ist griffig und fühlt sich körnig an. Ideal für Strudel, Hefeteig, Biskuit, Spätzle – für alles, was locker werden soll.

Grieß unterscheidet man in Weichweizen-, Hartweizen- und Vollkorngrieß. Letzterer weist einen nussigen, herzhaften Geschmack auf und eignet sich für vollwertige Gerichte und herzhafte Desserts. Weichweizengrieß wird gerne für Pudding und Brei verwendet, Hartweizengrieß für Aufläufe und Knödel.

Schrot besteht aus zerkleinerten Getreidekörnern. Da die Schalenteile aber nicht abgetrennt sind, entspricht Vollkorn-Schrot in seiner Zusammensetzung dem ganzen Korn.

Mythos Mühle

Heute sind Mühlen ganz normale Industriebetriebe. Und niemand käme auf die Idee, dass es in Mühlen nicht mit rechten Dingen zuginge. Das aber war einmal ganz und gar anders! Das gesamte Mittelalter hindurch bis weit in die Neuzeit hatten Mühlen nebst Müller und Müllerin ein massives Image-Problem.

Das lag zunächst an einem heftigen Clash of Civilisations. Die alten Römer hatten in ihrer Technikbegeisterung die Wassermühle im gesamten Römischen Reich etabliert: von Griechenland und Kleinasien über die Alpen bis nach Spanien und natürlich in Italien standen sie an nahezu jedem Bach und Fluss – und klapperten. Dabei wies das Prinzip der Wassermühle schon damals in die Zukunft modernen Wirtschaftens: Die Maschine sollte arbeiten! Nicht der Mensch. Worüber in diesem Fall vor allem und zunächst einmal die römischen Sklaven glücklich waren.

Mit dieser ingenieurtechnisch revolutionären Einrichtung konnten die Germanen der Völkerwanderung, die ins Römische Reich einfielen, wenig anfangen. Ganz im Gegenteil, ihre Naturreligion ließ sie mit äußerster Skepsis an solches Teufelswerk herantreten, vergewaltigten die Mühlen doch Naturkräfte wie das fließende Wasser. Da mochte ihnen angst und bange werden vor dem Groll der betreffenden Götter.

Und dass sich so manche Mühle mit gewaltigem Getöse und in einem Feuerinferno in Staub auflöste, trug auch nicht gerade als vertrauensbildende Maßnahme zu einem entspannten Verhältnis bei. Von der extrem leichten Entzündbarkeit des Mehls, die zu einer verheerenden Mehlstaubexplosion führen kann, wussten die Menschen damals noch nichts.

„Welche Riesen?", fragte Sancho Pansa.
„Die du dorten siehst", antwortete sein Herr, „mit den gewalti-
gen Armen, die zuweilen wohl zwei Meilen lang sind."
„Seht doch hin, gnädiger Herr", sagte Sancho, „dass das, was
da steht, keine Riesen, sondern Windmühlen sind, und was Ihr
für die Arme haltet, sind die Flügel, die der Wind umdreht,
wodurch der Mühlenstein in Gang gebracht wird."
„Es scheint wohl", antwortete Don Quixote, „dass du in Aben-
teuern nicht sonderlich bewandert bist, es sind Riesen und wenn
du dich fürchtest, so gehe von hier und ergib dich in einiger
Entfernung dem Gebete, indes ich die schreckliche und ungleiche
Schlacht mit ihnen beginne."

MIGUEL DE CERVANTES (1547–1616),
EL INGENIOSO HIDALGO DON QUIXOTE DE LA MANCHA
(DON QUIXOTE VON LA MANCHA), 1605 UND 1615

Der Pakt mit dem Teufel

Ressentiments und Aberglaube sind in der Regel sehr langlebig und zeigen sich allen Bemühungen der Vernunft gegenüber recht widerständig. Im Volksglauben, in tradierten Märchen, Geschichten und Mythen waren Mühlen Orte, wo Geister ein schauderhaftes Regiment führten. Sie standen ja meist im dunklen Wald. Und in den Geräuschen eines Mühlenrades mochte man Stimmen von unheimlichen Kreaturen hören. Zumal nächtens, wenn es dunkel war – und der Müller dennoch seiner Arbeit nachging. War das nicht auch die Zeit, als der Teufel umherzugehen beliebte? Lebte der Müller also gar im Pakt mit demselben? Den Menschen des Mittelalters bis weit in die Neuzeit hinein waren die Mühlen immer ein wenig unheimlich.

Frischer Wind?

Daran änderte auch die Erfindung der Windmühlen nichts, die, statt im Waldesgrund, auf freier Fläche stehen mussten. Zwischen dem 9. und 12. Jahrhundert setzten sie sich in Europa Stück für Stück und von Land zu Land langsam durch. Vor allem natürlich dort, wo das Wassergefälle zum Betrieb einer Wassermühle nicht ausreichte.

Wasser hin, Wind her: Mühlen waren und blieben der Wohnsitz von Übernatürlichem, das dort sein Unwesen trieb. Auch in Spanien. Miguel de Cervantes (1547–1616) ließ seinen Ritter von der traurigen Gestalt, *Don Quixote*, nicht umsonst gegen „die Riesen", diese „feigherzigen und niederträchtigen Kreaturen" der La Mancha mit seiner Lanze und seinem klapprigen Pferd Rosinante anrennen. Vergeblich natürlich. Vergeblich auch die Versuche seines Dieners Sancho Pansa, den Blick des Ritters zu öffnen für die wahre Natur der „Riesen".

Mit den Zisterziensern, dem Deutschen Orden und nicht zuletzt über die Hanse verbreitete sich die Windmühlentechnik
über Norddeutschland bis nach Ostpreußen und ins Baltikum,
schließlich bis nach Südfinnland und Russland. In Holland erfand man das Prinzip der leicht drehbaren Mühlenkappe, die
sich seit dem 16. Jahrhundert durchzusetzen begann. Zar Peter
der Große (1642–1725), der Modernisierer Russlands, holte
holländische Mühlenbauer nach Russland, bis die Holländer
die Ausfuhr der Mühlentechnologie verboten. Aus Angst vor
zu großer Konkurrenz. In ihren Kolonien aber, vom Kap bis
zum damals noch holländischen Manhattan, drehten sie sich
unablässig – wenn Wind wehte.

Ärgerlich

Aus der Mühle schaut der Müller,
Der so gerne mahlen will,
Stiller wird der Wind und stiller,
Und die Mühle stehet still.

„So geht's immer, wie ich finde!"
Rief der Müller voller Zorn.
„Hat man Korn, so fehlt's am Winde.
Hat man Wind, so fehlt das Korn."

WILHELM BUSCH (1832–1908)

Der Schinderhannes ...

Der Mythos des Unheimlichen umwehte die Mühlen über die Jahrhunderte und über alle Länder hinweg vor allem auch deshalb, weil sie meist außerhalb des Dorfes oder der Stadt lagen, außerhalb der sozialen Kontrolle der menschlichen Gemeinschaft, außerhalb des Blickwinkels. Das lud vor allem im 18. und 19. Jahrhundert marodierende Räuberbanden ein, sich in den entlegenen Mühlen nach ihren Raubzügen zu verstecken. Oder die Mühlen gleich selbst zu überfallen, wie es noch der berühmte, 1803 in Mainz hingerichtete Schinderhannes im Taunus und im Hunsrück getan hatte.

... und die „schöne Müllerin"

Die Abgelegenheit vieler Mühlen befeuerte natürlich auch die Fantasie der Dörfler und Städter. Und natürlich war selbige auch schnell sexuell aufgeladen. Was bitte machte der Müller da draußen in der Einsamkeit mit seinen Kundinnen, wenn sie alleine waren? Zeigte sich die eine oder andere Bäuerin vielleicht besonders freizügig – gegen den Erlass des Mahlgeldes?

Umgekehrt tauchte in Dichtung, Volks- und Aberglaube alsbald auch das Stereotyp der „schönen Müllerin" auf, die nicht zuletzt auch Goethes Schöpferkraft beflügelte und der Franz Schubert späterhin einen eigenen Liederzyklus widmete.

Die „schöne Müllerin", vom weißen Mehl bestäubt und nur bekleidet mit einem verschwitzten Leibchen – in der Fantasie der Menschen wartete sie da draußen im Waldesgrund nur darauf, in Abwesenheit des Müllers besucht zu werden – von wem auch immer und zu welchem Behufe auch immer. Jedenfalls erfuhr der Begriff „mahlen" zeitweise eine metaphorisch eindeutig zweideutige Erweiterung.

Ich weiß mir eine Müllerin

Ich weiß mir eine Müllerin,
ein wunderschönes Weib.
Wollt Gott ich sollt bei ihr ‚mahlen‘,
mein Körnlein zu ihr tragen,
das wär der Wille mein.

Der Müller aus dem Holze kam,
von Regen war er naß:
„Steh auf, Frau Müllerin stolze,
mach mir ein Feuer von Holze,
von Regen bin ich naß!"

„Ich kann Dir nicht aufstehn",
sprach sich des Müllers Weib,
„Ich hab die Nacht ‚gemahlen‘
mit einem Reutersknaben,
dass ich so müde bin!"

VOLKSLIED

Lagen die Mühlen innerhalb des Dorfes, waren sie hingegen auch soziale Treffpunkte, an denen man sich zu einem Schwätzchen einfand, zumal dann, wenn der Müller an der Mühle noch eine kleine Gastwirtschaft eingerichtet hatte. Das berühmte Pariser „Moulin Rouge" (dt. Rote Mühle) verbindet so gesehen wohl beide Mühlentraditionen, die erotische wie die soziale. Manche sagen ja auch, dass im „Moulin Rouge" wie weiland im dunklen Tann der Teufel obwaltet.

Mühlenbann und Mühlenzwang

Dass der Fantasie obrigkeitlicher Instanzen bei der Erschließung neuer Einnahmequellen keine Grenzen gesetzt sind, ist nichts Neues. Da machten die feudalen Landesherren des Mittelalters auch vor den Mühlen keinen Halt. Ob es um den Zehnten aus den Müllererlösen ging, der in die Taschen der hohen Geistlichkeit fließen sollte, oder um das Recht, Wasser und Wind zu „verleihen", auch beim Mühlenrecht ging es um Geld – und Macht. Denn wer die Mühle besaß, konnte die Ernährungsfrage beeinflussen. Städte und Dörfer prügelten sich folglich immer wieder und gerne mit Fürsten und Grafen ums Mühlenrecht.

Für das Image der Mühlen nicht sonderlich zuträglich war vor allem das feudalistische System des Bann- und Zwangsrechtes. Mit dem Mühlenbann verboten die Grundherren (weltlich oder geistlich), neben der eigenen schon laufenden Mühle noch weitere Mühlen innerhalb ihres Herrschaftsbereiches zu bauen. Der Mahlzwang wiederum nötigte jeden Bewohner innerhalb des Bannkreises, sein Getreide in eben dieser Mühle zu mahlen. Die Grundherren übten also ein klassisches Monopol aus.

Wer zuerst kommt, mahlt zuerst!

Solche Monopole sind nicht sehr beliebt. Zumal die Grundherren gerne auch einmal bei den Dörflern nachschauten, ob
die nicht vielleicht doch heimlich zu Hause ihre Körner selbst
mahlten, für die Grütze, mit Handmühlen. Die wurden dann
konfisziert. Und so was drückt auf die Stimmung.

Die schlechte Stimmung fiel auch auf die Müller zurück, die
zudem ihr Monopol bisweilen weidlich ausnutzten. Jedenfalls
wurde vorne häufig mehr Getreide abgegeben, als hinten aus
der Mühle an Mehl und Kleie wieder rausgegeben wurde – dafür hatte des Müllers Vieh wohlgenährte dicke Bäuche. Oder
aber das Gewicht blieb gleich – dann aber fand man nicht selten einen Sandhaufen hinter der Mühle – und der Bürger wun-
derte sich über das Knirschen zwischen den Zähnen, wenn er
sich eine Butterstulle zwischen dieselben schob.

Gerne wurde auch der eine oder andere „Mahlgast", also Kunde, vorgezogen – gegen Bezahlung. Die nennt man gemeinhin
auch Besrechung. Nahmen die Beschwerden der bäuerlichen
Kundschaft zu, wurden im besten Fall Mühlenordnungen er-
lassen, wonach niemand mehr bevorzugt werden durfte: Wer
zuerst kommt, mahlt zuerst! Punkt! Ein Ende all dieser Un-
annehmlichkeiten stellte sich erst mit der Einführung der Gewerbefreiheit im 19. Jahrhundert ein.

Deutschland ist Weltmeister!

Deutschland ist Brotland. Keine Frage. Bereits in den 1980er Jahren attestierte die Bundesforschungsanstalt für Getreideverarbeitung den Deutschen 300 Sorten Brot und 1200 Sorten Kleingebäck. Das war beeindruckend. Das war einzigartig. Das schien dem Zentralverband des Deutschen Bäckerhandwerks unlängst aber auch aktualisierbar. Also rief man 2011 eine Aktion ins Leben und ermuntert seither alle Innungsmeister, Rezepturen ihrer Brotspezialitäten einzureichen. Nach einer „wissenschaftlichen Prüfung" erfolgt die Eintragung ins „Deutsche Brotregister".

Auf der Internetseite des Zentralverbandes zeigt seither ein fortlaufender Ticker Namen und Anzahl der bisher anerkannten Brotspezialitäten an: Die Schallgrenze von 3000 ist da schon längst überschritten. Und das ist weltweit einmalig. Deutschland ist zweifelsohne Brot-Weltmeister!

Immaterielles Kulturerbe der UNESCO?

Solche Rekordwerte schreien geradezu nach einer weltweiten Würdigung, dachte sich der Brot backende deutsche Zentralverband. Und welche Plattform eignet sich für eine derartige Würdigung mehr als die UNESCO, die Kultur-, Bildungs- und Wissenschaftsorganisation der Vereinten Nationen? Also beantragte der Zentralverband die Aufnahme in das Verzeichnis des immateriellen Kulturerbes der UNESCO, die bis zu einer Entscheidung allerdings noch einige Zeit braucht.

Hinter dem Ansinnen des Zentralverbandes steht der Stolz einer jahrhundertealten Handwerkstradition, die zweifelsfrei zu den berühmtesten und ältesten Deutschlands zählt. Bis heute

Marmstorfer Kluten und Pudelmütze

Die viel gerühmte deutsche Brotkultur – darüber geredet und geschrieben wurde in der Vergangenheit viel. Doch Reden und Schreiben ist das eine. Das andere ist Zählen. Letzteres hat sich der Zentralverband des Deutschen Bäckerhandwerks zur Aufgabe gemacht.

Aufgerufen sind alle Innungsbäcker, zur Vermessung der Kulturgröße des deutschen Brotes ein Originalrezept einzureichen, es einer wissenschaftlichen Prüfung zuführen zu lassen, um anschließend in einem Register erfasst zu werden. Am Ende wird es dann amtlich sein – das Brotregister.

Hier eine nur kleine Auswahl aus den mittlerweile weit über 3000 anerkannten Brotspezialitäten:

900er Bütz, Bayrisches Landbrot, Berliner Landbrot, Braumeisterbrot, Bullenbrot, Champagnerroggenbrot, Die Rauchwolke, Dinkelvollkornsprossenbrot, Eifelähre, Elbländer, Fränkisches Sauerteigbrot, Gallische Walnusssichel, Gassenhauer, Geesthachter Schleusenknust, Goldstück, Guten Abend gute Nacht, Haferkante, Hashiru Pan, Hoflaiberl, Ittenback, Kerndllaib, Klosterkruste, Korntaler Brotsinfonie, Landsknechtbrot, Lürader, Maggi Magenfreund, Manjaller, Marmstorfer Kluten, Muntermacher, Neandertaler, Opa Josef, Pleistaler Kamutbrot, Pudelmütze, Rentnerlaible, Robuste Auguste, Schrittmacher Nuß, Schrotkerndl, Seppelstange, Smartphonebrot, Spreekruste, Steeler Grenzstein, Südtiroler Fladenbrot, Titi, Tolles neues Brot, Torfklotz, Treberbrot, Unser Herbert, Wengerterbrot, Wurzelbrot (...)

hat so ziemlich jeder Meisterbäcker, der nur ein bisschen was auf sich hält, ein oder mehrere Brotrezepte, die er an die nächste Generation weitergeben möchte. Da schwingt natürlich Stolz mit. Das ist Kultur. Und Kultur stiftet Identität.

Der Brot-Gau

Der deutschen Brotidentität und des Privilegs, täglich aus einer ungeheuren Vielfalt aussuchen zu dürfen, werden sich allerdings viele Deutsche erst dann bewusst, wenn sie dieses Privilegs beraubt werden. Zum Beispiel im Urlaub. Oder wenn man sich beruflich – im brottechnisch schlimmsten Fall – längere Zeit im Ausland aufhalten muss. Das ist der Brot-Gau. Dann vermisst man es plötzlich, das Alltägliche, das Gewohnte. Nicht, dass andere Länder keine Brotkultur hätten. Aber nach ein paar Wochen Toast, Baguette, Panini oder Hamburgerbrötchen verzehrt man sich förmlich nach einem kräftigen Landbrot – mit dunkler und knackiger Kruste und einem hohen Roggenanteil.

Eine Frage der Möglichkeiten

Die deutsche Brotkultur und ihr Variantenreichtum sind in der Tat legendär. Offenbar hat man im Laufe der Jahrhunderte gelernt, mit den Konstanten des Brotmachens fantasievoll zu experimentieren. Es beginnt beim Mehl (Roggen, Weizen, Dinkel etc.) und dem Ausmahlgrad des Mehls (Schrot-, Vollkorn- oder Feinmehl). Dann die Teigführung, die ganz entscheidend für das Brotvolumen, die Krumenstruktur, die Beschaffenheit der Kruste und den Geschmack ist. Da gibt es die direkte Hefeführung, die Vorteigführung, ein-, zwei- oder dreistufige Sauerteigführungen, kombinierte Hefe-Sauerteig-

Führungen oder die Quellstück- bzw. Brühstückführung (bei Schrotbroten wie dem Pumpernickel).

Es gibt lange, runde oder eckige Brote, Brote, die frei in den Ofen geschoben werden oder sich berühren (und an diesen Stellen keine Kruste bilden), Brote, die in einer Kastenform gebacken werden (folglich ohne Kruste an den Seiten sind), es gibt genetztes (also in eine gewässerte Schüssel gelegtes) Brot oder das im Norden bekannte Gersterbrot (dessen Teiglinge vor dem Einschießen mit offener Flamme geflämmt werden), glänzende oder bemehlte Brote und solche, die während der Endgare in einem Körbchen lagen. Auch der Temperaturverlauf wirkt sich auf die Kruste und den Brotgeschmack aus. Von den Kleingebäcken, den Brötchen und Kleinbroten, Hörnchen, Brezeln und ihren Tausenden Varianten ganz zu schweigen. Und da stellt sich natürlich die Frage: Warum? Warum hat sich ausgerechnet in Deutschland diese Vielfalt entwickelt?

Der Roggen ist Schuld

Es hängt mit dem Klima in Deutschland zusammen. Und mit der Bodenbeschaffenheit. Mit beidem kam der etwas kapriziöse Weizen nur bedingt zurecht. Ganz anders als der robustere Roggen. Ungefähr seit dem 6. Jahrhundert v. Chr. setzte der sich nördlich der Alpen als *das* Getreide der Wahl zunehmend durch. Roggen kam einfach mit dem feuchtkühlen Klima und den nicht ganz so fruchtbaren Böden besser zurecht.

Die „Roggenplatte" umfasste schließlich eine Region, die von Südnorwegen, Süd- und Mittelschweden, Südfinnland in weitem Bogen ins südliche Sibirien, durch die Ukraine und Österreich, durch die Alpentäler und entlang der deutsch-französischen Grenze irgendwo zwischen Wallonien und Flandern bis ans Meer führte. Südlich und westlich dieser Region war eher Weizen das angesagte Getreide.

Doch im Zentrum des Roggengebiets lag Deutschland. Und hier begann man in den folgenden Jahrhunderten, fröhlich mit Roggen- und Weizenmehl und vor allem mit Mischungen zu experimentieren. Erst zu Beginn des 20. Jahrhunderts setzte sich auch in Deutschland der Weizen (mit besseren Weizensorten) als Getreideart Nr. 1 durch.

Und die deutsche Kleinstaaterei

Für die Vielfalt der deutschen Brottradition war aber noch etwas ganz anderes entscheidend: die politische Grundordnung
in Deutschland. Und die war jahrhundertelang gekennzeichnet
vom berühmten deutschen Flickenteppich der Kleinstaaterei.
Ganz anders als in Frankreich, England oder Spanien kam der
Prozess der Zentralisierung der Staatsgewalt in Deutschland spä-
testens seit dem 13. Jahrhundert zum Erliegen. Statt deutscher
Kaiserherrlichkeit setzten sich Herzöge und Fürsten als die wahren Machthaber durch. Gegen diese Landesherren begehrten
wiederum viele der seit dem 12. Jahrhundert neu gegründeten
Städte auf, teilweise mit Unterstützung des jeweiligen Kaisers.
In diesem vom kleinteiligen Gegeneinander geprägten Macht-
gefüge entwickelte sich von Region zu Region und von Stadt
zu Stadt nicht nur ein politisches, sondern auch ein kulturel-
les Abgrenzungsbedürfnis. Und das schlug sich auch in den
Handwerkstraditionen der Bäcker und ihrer Kunst nieder.
Zudem spielten die Zünfte bei der Entstehung der Brotvielfalt
eine entscheidende Rolle. Mussten die Gesellen doch mehrere
Jahre auf Wanderschaft gehen, auf der sie andere Städte und
Regionen und ihre typischen Bäckertraditionen kennenlern-
ten und in ihren Erfahrungsschatz einfließen lassen konnten.
So entwickelten sich über die Jahrhunderte hinweg die unterschiedlichsten Brotformen als lokale Eigenheiten. Brote wurden in Deutschland zu Chiffren landeskultureller Unterschiede. Und das sind sie – trotz aller kulturellen Verwischungen
– bis heute erkennbar geblieben.

Pumpernickel – ein typisch deutscher Fall

Dass im Roggenland Deutschland dunkle Brote (je mehr Roggen und je gröber gemahlen, desto dunkler) Tradition haben, liegt auf der Hand. Zu den bekanntesten Sonderheiten des deutschen Brotwesens gehört der berüchtigte Pumpernickel, ein Schwarzbrot, das zu mindestens 90 Prozent aus Roggenbackschrot und/oder Roggenvollkornschrot hergestellt wird. Es wird aber nicht wie Schwarzbrot gebacken, sondern in Dampfbackkammern bei dezenten 100 °C 16–24 Stunden mehr gedämpft als gebacken. Was da am Ende aus den Dampfschwaden gezogen wird, ist ein durch Verzuckerung der Stärke ungewöhnlich süßer, schwarzbrauner, grobkörnig-weicher, sehr kompakter und dennoch etwas brüchiger Kanten Brot, von dem einige sagen, er sei sehr schwer verdaulich. Liebhaber des Pumpernickel bestreiten dies mit Vehemenz, dabei den niederländischen Humanisten Justus Lipsius (1547–1606) höflich ignorierend, der schon 1580 über das Schwarzbrot der Westfalen höhnte: „Welch armes Volk, das seine Erde essen muss."

Der Name – ein weites Feld

Warum man das schwarze Brot Pumpernickel nennt, ist nicht wirklich geklärt. Ein Hinweis steckt in dem im Namen enthaltenen frühneuhochdeutschen „Pumper", das nicht nur für „Klopfen" oder „Schlag", sondern vor allem auch für „Furz" oder „Blähung" steht. Vielleicht ahnte der französische Dragoner, der im Zuge eines militärischen Gastspiels im Dreißigjährigen Krieg mit seinem Pferd Nickel (Nicol) in Westfalen weilte, die verhängnisvolle Wirkung des ihm angebotenen Brotes. Der Legende zufolge antwortete er jedenfalls: „C'est bon pour Nicol" (Das ist gut für meinen Nickel). Der Volksmund machte daraus die Redewendung „Bonpournickel", woraus sich schließlich der Pumpernickel entwickelte. So soll das Nickel zum Pumper gekommen sein.

Westfälischer Pumpernickel

Wahrscheinlicher scheint jedoch die Version, nach der sich das „Nickel" als Abwandlung des Kurz- und Kosenamens von Nikolaus, der auch als Scheltname eingesetzt wurde, zum Pumper fügte. So wäre der Pumpernickel nichts weiter als ein furzender Nikolaus, also ein ungehobelter Kerl.

Einen urheberrechtlichen Anspruch auf den Namen hat das schwarze Brot ohnehin nicht. Frühe Zeugnisse Ende des 16. und zu Beginn des 17. Jahrhunderts bezeichnen den Teufel bzw. unzüchtige Lieder als „Pompernickel". Teuflische Sünden wurden als „Pompa" bezeichnet. Die alte Redensart „Wo es Brauch ist, singt man den Pumpernickel in der Kirche" erinnert noch an diesen Sinnzusammenhang. Auch Prügeleien zwischen Eheleuten nannte man Pumpernickel.

Erst während des Dreißigjährigen Krieges (1618–1648) scheint sich das „Pumpernickel" für das westfälische Teufelsbrot namentlich durchgesetzt zu haben. Jedenfalls lässt Hans Jakob Christoffel von Grimmelshausen seinen Schelm und Kriegshelden Simplicius Simplicissimus als „Jaeger von Soest" auf Streife bei Recklinghausen einen Bauern antreffen, „der seinen Backofen zukleibte, welcher große Pumpernickel darin hatte, die 24 Stunden da sitzen und ausbacken sollten".

Wie es am besten zu genießen sei, steht im „Appetit-Lexikon" von Rosner und Habs aus dem späten 19. Jahrhundert: Der Westfale „sucht das Starke mit dem Zarten unter einen Hut zu bringen und verspeist nicht reinen Pumpernickel, sondern ‚Mönch mit Nonnen', dass heißt, er paart die Schwarzbrotschnitte mit einer Schnitte Weißbrot und schiebt zur Vermeidung übler Nachrede eine Lage Butter und eine Scheibe saftigen Schinkens zwischen beide ein".

Ein Steinhäger hintendrauf kann aber auch nicht schaden.

Wo es noch das gute
Brot gibt

Eine der markantesten Meldungen aus dem Katastrophenkästchen des Ekel-Journalismus war die denkwürdige Verlautbarung, dass sich in unseren deutschen Brötchen Stoffe befänden, die aus „Schamhaaren thailändischer Prostituierter" gewonnen würden. Abgesehen von der durchaus interessanten Vorstellung, dass deutsche Abgesandte der Bäckerinnung in Thailand vor Ort und in situ den begehrten Rohstoff ernten, verbarg sich bei genauerem Hinsehen hinter dem kleinen Sensationsschocker lediglich der schlichte Umstand, dass von der Lebensmittelchemie für die Gewinnung eines Teigzusatzes asiatisches oder indisches Menschen(haupt!) haar als Ausgangsprodukt verwandt wurde.

Bei diesem Stoff handelte es sich um Cystein, eine Aminosäure, die den industriell vorproduzierten Fertigmischungen zugesetzt wurde, um den Teig geschmeidiger zu machen und ein Verkleben mit den Knetmaschinen zu verhindern. Die Schlagzeile führte zu einem Aufschrei der Konsumentenschaft, woraufhin den Backmittelherstellern der Schreck in die Glieder fuhr. Man verzichtete freiwillig auf einen weiteren Einsatz von Cystein aus Menschenhaar. Und Brüssel verfügte 2001 mittels einer EU-Verordnung, dass Cystein aus Menschenhaar nicht mehr verwendet werden darf! Cystein darf seitdem bestenfalls noch aus Schweineborsten gewonnen werden. Großartig!

Schnell, einfach, verlässlich – schlecht!

Über das „segensreiche" Wirken der Backmittelhersteller und die augenfällige Dominanz industrieller Brotproduzenten,

Betrogen wurde schon immer ...

Brot. Dasjenige, welches wir gut nennen, zeichnet sich aus durch weiße Farbe, angenehmen Geruch, Wohlgeschmack, durch eine poröse, schwammige, lockere Textur. Es ist aber ein Vorurteil, dass nur weißes Brot gut sei, welches durch das Brot der Landbäcker oft sehr schlagend widerlegt wird. Um diesem Vorurteile zu huldigen, kam man auf den Kunstgriff, es zu bleichen, wozu man sich des Alauns bedient; dadurch wird dasselbe der Gesundheit nachteilig. Manche Bäcker wenden auch kohlensaures Ammoniak an, um aus verdorbenem, feuchtem Mehle weißes, lockeres Brot zu bereiten. Dies ist nur schädlich, wenn das Ammoniak, wie es oft der Fall ist, Blei enthält. Auch lässt sich mit Hilfe des sogenannten blauen Vitriols (schwefelsaures Kupfer) aus schlechtem Mehle gut scheinendes Brot backen, was sich glücklicherweise leicht ermitteln lässt, weil man es nur mit eisensaurem Kali behandeln darf, infolgedessen das Brot eine rote Färbung bekommt. Auch hat man seit etwa zehn Jahren gefunden, dass im Handel dem Weizenmehl Kartoffelstärke beigemischt ist. Dies ist zwar unschädlich, aber es macht das Brot weniger gut, da der im Mehl enthaltene Kleber nahrhafter als Kartoffelstärke ist. Denn von der Menge wie von der Qualität des Klebers hängt die Güte und Lockerheit des Brotes ab. Mehl, welches wenig Kleber und viel Stärkemehl enthält, wird nur ein schweres, flaches und dichtes Brot geben.

EUGEN VON VAERST, GASTROSOPHIE ODER DIE LEHRE VON DEN
FREUDEN DER TAFEL, ERSTER BAND, KAPITEL 6, 1851
EUGEN VON VAERST (1792–1855) WAR PREUSSISCHER OFFIZIER,
SCHRIFTSTELLER, THEATERDIREKTOR UND GASTROSOPH.

die das Land flächendeckend mit Filialen überziehen, ist von prominenter Seite viel geschrieben worden. Angesichts der unzähligen Zusatzstoffe und des stetig steigenden Backmittelverbrauchs stellte der eine oder andere Lebensmittelchemiker schon vor längerer Zeit die zugespitzte Frage, warum der Bäckerberuf noch ein Lehrberuf sei: Um Tüten mit fertigen Backmischungen aufzureißen und mit Wasser in einer Knetmaschine zu verrühren, müsse man in keine dreijährige Lehre mehr gehen. All die backchemischen Zusätze sollen vor allem eines erreichen: Sie sollen das Brotbacken schneller, einfacher, verlässlicher und damit profitabler machen. Und das machen sich nicht nur die großen Ketten zunutze, sondern auch viele kleine Handwerksbetriebe. Bunte Aufsteller, Handzettel und Plakate sind ein typischer Indikator dafür, dass sich die betreffende Bäckerei im reichhaltigen Sortiment der Backmittelhersteller bedient. Die liefern nämlich perfekt gestylte Marketingmaterialien gleich mit. Was am Ende dabei rauskommt, ist dem Kenner und Genießer in der Regel ein geschmacksuniformer Graus. Es ist einfach schlechtes Brot!

Aber das alles ist nicht neu. Hinters Licht geführt wurde der Konsument schon immer. Heute wird er aber wenigstens legal an der Nase herumgeführt, denn die Zusatzstoffe sind ja allesamt zugelassen.

Wenden wir uns an dieser Stelle lieber einigen von denen zu, die sich nicht davon abbringen lassen, handwerklich sauber zu arbeiten und einfach gutes Brot herzustellen.

Groß und gut geht – die bayerische Hofpfisterei

Dass Masse nicht auf Kosten der Klasse gehen muss, beweist die Münchner Hofpfisterei, eine Großbäckerei mit über 160 Filialen und knapp 1000 Angestellten. Das Filialnetz erstreckt sich über München hinaus auf Bayern und Baden-Württemberg. Mittlerweile sind die Münchner aber auch in der preußischen Hauptstadt vertreten! In Berlin betreibt die Hofpfisterei immerhin 10 Filialen.

Ludwig Stocker, der Vater des jetzigen Inhabers, pachtete 1917 die traditionsreiche Hofpfistermühle und Hofbäckerei noch von der königlichen Krongutsverwaltung unter der Regentschaft des letzten bayerischen Königs Ludwig III. Die seit 1331 bestehende Hofpfisterei (lat. *pistor*, Bäcker) nahm eine Sonderstellung ein, weil sie die ansonsten strikt getrennten Handwerksberufe des Müllers, des Mehlhändlers und des Bäckers gemeinsam ausüben durfte. 1958 wurde das alte Hofpfistergebäude von der Bayrischen Schlösser-Verwaltung an eine Brauerei verkauft. Seit 1964 residiert die Hofpfisterei deshalb in der Münchner Kreittmayrstraße.

Als Mitglied des Bio-Verbandes Naturland sind die Öko-Brote der Hofpfisterei reine Natursauerteigbrote ohne chemische Lebensmittelzusatzstoffe oder Backhilfsmittel jeglicher Art. Beliebt sind vor allem die großen runden Bauernbrote. Der Klassiker des Hauses wird nach einer 24-stündigen Teigführung in Öfen aus Schamottesteinen bei 200 °C schonend etwa zwei Stunden gebacken. Und das Beste: Man kann das Brot auch telefonisch oder per Internet bestellen und sich zuschicken lassen. www.hofpfisterei.de

Natur pur

Ursprünglich wurde die Natur-Pur-Idee zusammen mit einem Unternehmensberater in einer rheinland-pfälzischen Bäckerei entwickelt. Das Natur-Pur-Siegel steht für naturbelassene Zutaten, deren Vorgaben und Kontrollen sich an der Bio-Verordnung orientieren. Auch wenn die biologische Anbauweise keine explizite Voraussetzung ist, so verpflichten sich die Mitglieder doch dazu, auf industriell vorgefertigte Rohstoffe zu verzichten und stattdessen nur naturbelassene Zutaten zu verwenden. Darüber hinaus sind alle Produkte der Natur-Pur-Bäcker auf den Preisschildern mit Allergensymbolen ausgestattet, die auf einen Blick erkennen lassen, welche Allergene in dem betreffenden Produkt vorhanden sind.

Die zertifizierten Bäckereien des Natur-Pur-Bäcker e. V. sind mittlerweile über fast ganz Deutschland verteilt zu finden – mit Ausnahme des Ostens. Es sind zwar nicht ganz so viele, aber ein Blick auf die Karte der Internetseite ist in jedem Fall lohnend.

www.natur-pur-baecker.de

Die Bäcker – Zeit für Geschmack

Bereits der Name der Vorgänger-Organisation „Slowbaking" (in Anlehnung an die Slow-Food-Bewegung) verrät, um was es dem 2011 neu gegründeten Verein geht: um Zeit! Denn gut Ding will Weile haben! Also nannte sich der Nachfolger von „Slowbaking" folgerichtig und nunmehr deutsch „Die Bäcker. Zeit für Geschmack". Über 40 Mitgliederbetriebe in Deutschland und Österreich haben sich bereits dem aufwendigen Akkreditierungsverfahren des unabhängigen Instituts für Getreideverarbeitung in Potsdam unterzogen oder befinden sich in Vorbereitung darauf.

Es wird ausschließlich und bewusst zeitraubend mit Vorteigen, Sauerteigen und langen Teigführungen auf traditionelle Weise gearbeitet. Die Rezepte sind individuell und werden unter Verwendung natürlicher Gewürze (statt künstlicher Aromen) und hochwertiger, wenn möglich regionaler Rohstoffe (z. B. Butter oder reine Pflanzenöle statt Margarine) umgesetzt. Industrielle Vormischungen, zugekaufte Tiefkühlteiglinge sowie gentechnisch veränderte Zutaten sind ausgeschlossen.

www.die-bäcker.org

Holzofenbrot aus Franken – und dem Norden

Natürlich gibt es über die oben angesprochenen Organisationen und Betriebe hinaus in ganz Deutschland noch viele andere größere oder auch kleinere Betriebe, die hervorragendes Brot backen, die Handwerkstraditionen achten und auf Backmittel und Zusatzstoffe verzichten. Unmöglich, sie alle zu ermitteln, geschweige denn hier aufzuzählen. Gleichwohl sei an dieser Stelle noch auf eine Spezialität hingewiesen, weil sie mittlerweile so rar ist: Brot aus dem Holzofen.

In der „Buchauer Holzofenbäckerei" in Franken wird seit mehr als 20 Jahren fränkisches Holzofenbrot gebacken. Zum Einsatz kommen ausschließlich natürliche, hochwertige Rohstoffe aus spritzmittelfreiem Anbau sowie Natursauerteig. Zur Befeuerung der Holzbacköfen greift man auf unbehandeltes Holz aus den Sägewerken der Umgebung zurück. Das Ergebnis sind Brote mit einem einzigartigen Aroma, einer wunderbar knusprigen Kruste und einer lockeren Porung. Die „Buchauer Holzofenbäckerei" versendet ihre Brote in ganz Deutschland.

Ganz oben im Norden sitzt „Der Holzofenbäcker", ein Bio-Bäcker, der sich ebenfalls der Herstellung von außergewöhnlich aromatischem Brot aus dem Holzofen verpflichtet hat. Auch für den Holzofenbäcker in Kiel ist wichtig, dass die Zutaten, wenn möglich, direkt aus der Region kommen. Und natürlich arbeitet auch er nur mit Natursauerteig. In weit über 30 Verkaufsstellen und auf Märkten in Kiel und Umgebung, in Hamburg, Eckernförde, Flensburg und auf Sylt werden die einmalig kräftigen Brote angeboten.

Es gibt sie also noch, die Holzofenbäcker. Man muss sie nur suchen. Und manchmal vielleicht ein bisschen weiter fahren. Aber es lohnt sich.

www.holzofenbrot.de

www.derholzofenbaecker.jimdo.com

Die Bäcker um die Ecke

Doch manchmal muss man ja gar nicht so weit in die Ferne schweifen. Bisweilen liegt das Glück direkt um die Ecke. Machen Sie sich auf den Weg, hören Sie sich um, recherchieren Sie im Internet, welche Bäckereien es in Ihrer Nachbarschaft, in Ihrem Stadtteil oder in einem benachbarten Stadtteil gibt. Vielleicht machen Sie ja eine grandiose Entdeckung. So wie der Autor dieses Buches, der in Berlin in Kreuzberg in den Markthallen auf die italienische Bäckerei „Sironi" stieß, deren Chef das Mehl für seine Brote extra aus Italien importiert. Die bisweilen lange Schlange der Brothungrigen spricht für sich.

Und wenn Sie sich nicht sicher sind, wie die betreffende Bäckerei arbeitet, oder wenn die Brote allesamt aussehen, als wären sie in Din-Norm von einem Fließband direkt ins Verkaufsregal gesprungen: Stellen Sie Fragen! Fragen Sie frank und frei nach der Zutatenliste. Und wenn da irgendwas draufsteht, was Sie nicht verstehen, lassen Sie es sich erklären. Sie werden sehr schnell ein Gespür dafür entwickeln, wer sein Handwerk versteht und wer nur Tüten aufreißt. Ausgestattet mit den Grundkenntnissen, die Sie in diesem Buch gefunden haben dürften, sollte man Ihnen kein X mehr für ein U vormachen können.

Hilfe beim Homebaking

Wer selbst und zu Hause probieren möchte, Brot zu backen – auch Sauerteigbrot –, und wer über seine Brotbackbücher hinaus vom reichhaltigen Erfahrungsschatz eines Selfmade-Brot-Perfektionisten profitieren möchte, der sollte unbedingt einmal den *Plötzblog* von Lutz Geißler im Internet besuchen. Es gibt wohl kaum ein interessanteres Forum, keine interessantere Info-Brotback-Börse für alle Brot-Amateure, die wissen wollen, wie es geht. Tipps für Anfänger, Rezeptsammlung, Lexikon, Brotbackkurse (auf Einladung auch in der eigenen Küche) und vieles mehr findet man hier – und das auch noch optisch ausgesprochen appetitlich aufbereitet. Das Motto des Betreibers: „Am wichtigsten für das Brotbacken ist, trotz aller Planung und Erfahrung, immer noch das Lernen aus Versuch und Irrtum. Misserfolg ist der beste Lehrmeister."
Für die Netzfans unter den Heimbäckern empfehlenswert ist auch *Petras Brotkasten*, der Blog von Petra Holzapfel, die seit 2002 mit nahezu professioneller Expertise ihre Erfahrungen ins Netz stellt. Und wer nicht lange rumzappeln will, kann sich im Netz sogar fertige „All-Inclusive Biobrotbacksets" bei *Brotliebling* bestellen. Alle Zutaten, die man benötigt, sind in der richtigen Menge im Brotpaket enthalten – sogar Backpapier.
www.ploetzblog.de
www.petras-brotkasten.de
www.brotliebling.de

Butterbrot,
Baguette und
Conpanatico

Das gute alte Butterbrot

Ein deftiges Bauern- oder Landbrot. Eins, in dem sich der schwerfällige Roggen und der leichtfüßige Weizen freundschaftlich die Hand reichen. Frisch aus dem Backofen! Noch warm, nicht heiß. Etwas wärmer als handwarm. Mit einer dunklen, knusprigen, dicken, verheißungsvoll aufgeplatzten, schrundigen Kruste. Zu diesem Zwecke womöglich zweimal gebacken. Eine Duftbombe, die kräftige, etwas malzige Röstaromen verströmt. Jene Aromen, die einem auf der Straße die Nähe einer Bäckerei verraten, noch ehe man sie sieht.

Der Knust

Jetzt mit einem scharfen (!) Brotmesser ansetzen und mit einem langsamen Zug den Knust vom Laib trennen. Den „Knust", den man auch „Knäppchen" oder „Kanten" oder „Ranft" oder „Knäusle" oder „Knorz" oder wie auch immer nennt, das Endstück eben – mit einem Schnitt. Fällt es zur Seite, offenbart das Brot sein Inneres, sein Wesen, die weiche, fluffig geporte Krume, mit der letzten Hitze noch ein wenig Feuchtigkeit ausatmend.

Brot, Butter und Salz – ein Butterbrot!

Und jetzt? Butter! Aber nicht irgendeine banale Fettschmiere vom Discounter. Eine Butter, die noch nach Butter schmeckt. Vielleicht sogar handgeschlagen. Vielleicht aus Irland. Oder aus der Normandie. Wo die Kühe auf fetten Weiden standen. Eine solche Butter, kühl aber dennoch streichfähig, (manche mögen sie auch schnittfest – oder zimmerwarm), streicht man nun auf den Knust. Dick! Nicht zu verhuscht! Nur Mut!

„Feinschmecker zu sein bedeutet, bescheiden zu sein und in die Tiefe zu gehen. Es will auch heißen, sich mit Wenigem zu begnügen. Sehen Sie, gestern Morgen bekam ich per Flugzeug vom Lande ..."
„Mir läuft das Wasser im Mund zusammen!"
„Oh, nicht das, was Sie denken. Meine feine Zunge hat ihren Ursprung im bäuerlichen Milieu, es war nämlich ein Brotlaib von zwölf Pfund, versehen mit einer dicken Kruste, die Krume von der Farbe grauen Leinens und von fester, gleichmäßiger Konsistenz, nach frischer Gerste duftend. Außerdem ein dicker Klumpen Butter, geschlagen vom späten Nachmittag bis zum Abend, deren Molke noch unter dem Messer hervorrann, leicht verderbliche Butter, nicht zentrifugiert, mit der Hand gepresst, nach zwei Tagen ranzig, wohlriechend und vergänglich wie eine Blume, Luxusbutter ..."
„Das Richtige für ein Butterbrot!"
„Sie sagen es, ein perfekter Genuss!"

COLETTE (1873–1954), A PORTÉE DE LA MAIN, 1950

Was man dann hat? Eine Genussinszenierung! Ein Butterbrot! Auf diese Butter-Brot-Kombination als Gipfel einfachen Hochgenusses schwören die Puristen unter den Genießern. Da lassen sie nichts drauf kommen. Das heißt: doch, eine Prise grobes Meersalz. Am besten Fleur de Sel, das muss noch sein. Natürlich. Und dann? Reinbeißen. Und beim genüsslichen, langsamen Kauen dieses himmlische Spiel aus Texturen, aus hart und weich, aus Temperaturen, aus kalt und warm, aus Aromen, aus salzig, röstig, buttrig und malzig-süß *genießen*! Das ist der Himmel auf Erden! Übrigens ganz ähnlich jenem Himmel, dem man sich mit einer dampfenden, gelbfleischigen Kartoffel, frisch gepellt oder auch nicht, mit selbiger Butter und Salz nähert.

Und wer hat's erfunden?

So ein Butterbrot kann also ein kulinarisches Highlight sein. So einfach. So gut! Da fängt's mal überhaupt erst an, das Genießen. Für die Puristen jedenfalls. Das also ist klar. Alles andere ist weniger klar. Zum Beispiel die Frage, wer oder welche Völkerschaft es erfunden hat, unser alltägliches Butterbrot. Eine Frage, die, wie soll es anders sein, in die Geschichte weist. Genauer gesagt ins späte Mittelalter. Dort ist es bisweilen sprichwörtlich dunkel, so dunkel jedenfalls, dass man in unserem Fall keine Gesichter identifizieren, noch Namen lesen kann. Aber es ist hell genug, um zumindest schemenhaft zu erkennen, wem die Ehre gebührt, sich der Schöpfung des Butterbrotes rühmen zu dürfen.

Butterprobleme

Wie so häufig bei großen Erfindungen, ging auch der Butterbroterfindung die Lösung eines Problems voraus. Das Problem war die Butter. Butter ist zwar lecker und liefert wertvolle

Francis Wheatley: Morgen (1799)

Energie. Und dort, wo man sie vor Jahrhunderten schon frisch
herstellte, auf den Bauernhöfen oder in Molkereien, wurde natürlich niemand daran gehindert, sie sich frisch aufs Brot zu
schmieren. Man tat dies. Und man tat dies mit Begeisterung.
Um sich als Bestandteil eines weithin beliebten Ernährungs-
klassikers zu etablieren, musste Butter aber erstens ganzjährig,
zweitens streichfähig, drittens überall und nicht zuletzt in
möglichst schmackhafter Variante zur Verfügung stehen. Und
genau das stand jahrhundertelang der Erfindung des Butterbrotes im Weg.

Denn: Schmackhafte Butter herzustellen ist aufwendig. Und
diesen Aufwand betreibt man nur, wenn man auf Vorrat produzieren kann. Frische Butter hält sich aber nicht lange. Also
musste man sie entweder konservieren oder kühlen. Die Kühlung im großen Maßstab und damit die allzeitige Verfügbar-
keit für breite Bevölkerungskreise gelang erst im ausgehenden
19. Jahrhundert. Blieb für die Jahrhunderte zuvor also nur die
Konservierung. Und das war das Problem.

Sauer macht ja nicht lustig

Die älteste und in Mittel- und Nordeuropa bevorzugte Methode bestand im Sauerwerdenlassen der Butter. Damit war sie jahrelang lagerfähig. In Skandinavien behielt man diese Methode bis ins hohe Mittelalter bei. Hier galt die ranzige Vorratsbutter – mangels Alternative – als willkommene Zutat zu trockenem Brot und Stockfisch. Große Vorratsmengen der ranzigen Schmiere waren sogar der Bauern ganzer Stolz! Doch bei aller Liebe und unbenommen der skandinavischen Traditionen: Sauergewordene Butter schmeckt einfach bescheiden. Als Brotaufstrich setzte sie sich jedenfalls nicht durch.

Und Butterschmalz?

Im südlichen Mitteleuropa und in den Mittelmeerländern bevorzugte man als Konservierungsmethode das Ausschmelzen und Abklären der Butter. Das so gewonnene Butterschmalz konnte, wie Olivenöl, ebenfalls sehr lange gelagert werden. Und es eignete sich bestens zum Kochen und Backen.
Butterschmalz wurde jedoch ohne Kühlung schnell flüssig, war also nicht einfach zu transportieren. Weiträumiger Handel mit Butterschmalz fand deswegen kaum statt. Butterschmalz, wie auch die schnell verderbliche frische Butter, wurde also vor allem in den einzelnen Haushalten individuell hergestellt und bestenfalls auf lokalen städtischen Märkten gehandelt.
Und vor allem: Auch Butterschmalz konnte und mochte sich kein Mensch aufs Brot schmieren.

Endlich: das Salz der Hanse!

Das Butterbrot hatte also ein profundes Problem! Die Lösung des Problems lag in der Verwendung eines Konservierungsstoffes, der uns heute alltäglich ist: Salz! Und das lieferte seit dem 12. Jahrhundert vornehmlich die Hanse, jener mächtige Handelsverband norddeutscher Kaufleute. Sie lieferten es vor allem in die Küstenregionen der Nord- und Ostsee zum Einpökeln von Fleisch, zum Würzen von Käse und zum Einsalzen der riesigen Heringsfänge nach Skandinavien, wo es an Salz mangelte.

Es lag einfach irgendwann auf der Hand: Was man mit Fisch und Fleisch und auch Käse machen konnte, das konnte man doch auch mit Butter machen. Wer auch immer damit anfing, die Butter aufwendig zu schlagen, zu waschen, zu kneten und zu salzen, ob es die Klostermeiereien im Hanseraum waren oder ob die seefahrende Bevölkerung den entscheidenden Impuls setzte: Die Salzkonservierung der Butter setzte sich durch. Dank der Hanse, die das Salz in die ländlichen Überschussregionen der Butterproduktion transportierte und anschließend die eingesalzene Butter in Fässern in die Hansestädte (im deutschen Süden bis nach Westfalen und ins Rheinland) verteilte, triumphierte die gesalzene Butter schließlich gegen die Sauerbutter im gesamten Nordeuropa.

Salz in der Butter

Das Salzen der Butter hielt sich noch bis ins 20. Jahrhundert hinein. Im Praktischen Kochbuch für die bürgerliche und feine Küche der berühmten Henriette Davidis (1801–1876) wurde noch in der Ausgabe von 1913 unter Punkt 66 der „Allgemeinen Vorbereitungsregeln" („Was man wissen muss") zu folgender Butterherstellung geraten:

66. Gute Butter zu machen. *Man sorge dafür, das Vieh gesund und die Milchgeschirre recht sauber zu erhalten, bewahre die Milch an einem luftigen Orte auf und nehme, nachdem sie zwei Tage – nicht länger – gestanden, die Sahne ab. Das Buttern lasse man im Sommer an einem kühlen Orte geschehen, die Milch gehörig aus der Butter kneten, ehe Wasser dazu kommt, und dann dieselbe so oft mit recht kaltem Brunnenwasser waschen, bis das Wasser, welches abgegossen wird, g a n z k l a r erscheint.*

Heutigen Tages befasst man sich im Stadthaushalt nicht mehr mit Selbstbuttern, da den Stadthausfrauen beste Teebutter mit und ohne Salz täglich frisch zu Gebote stehen.

Die Butter zum Einmachen muss etwas kräftig gesalzen sein und bis zum nächsten Tage hingestellt werden, wo sie wieder gut durchgeknetet und in einem ganz reinen, am besten in einem steinernen Topfe, welcher mit etwas nassgemachtem Salz ausgerieben ist (weil dann die Butter nicht am Topfe klebt), fest eingemacht wird. Dann lege man ein leinenes, gut ausgewaschenes Tuch darauf, versehe den Topf gehörig mit Salzpökel und stelle ihn unbedeckt, damit die Butter der Luft ausgesetzt ist, in den Keller.

Was schmeckt, setzt sich durch

Dass man den gegenüber der Sauerbutter sehr viel höheren Produktionsaufwand, die geringere Lagerzeit und weite Transportwege auf sich nahm, ließ sich unter dem Strich mit nur einem Grund rechtfertigen: Die gesalzene Butter schmeckte einfach besser. Und: Man konnte sie sich aufs Brot schmieren! Zudem waren die Menschen im Hanseraum über die Pökelung von Fleisch und das Einsalzen von Fisch bereits an den Salzgeschmack gewöhnt. Es wundert also nicht, dass es ausgerechnet in den Hauptgebieten des Hansehandels erstmals im späten Mittelalter üblich wurde, Butterbrote zu schmieren.

Der Name Botterbroth

Die ersten Butterbrote wurden historischen Zeugnissen zufolge wohl im frühen 14. Jahrhundert geschmiert. Westfalen und das südliche Niedersachsen waren vermutlich die ersten Experimentierlabors für die fette Schnitte. Auch Namen sind verräterisch. Aus Rostock ist für das Jahr 1349 der Name „Bertoldus Botterbroth" belegt, in anderen Ortschaften und in späterer Zeit Namen wie „Johan Butterbroith" oder „Johan Butterbrodt".

Später werden die Hinweise auf das Butterbrot als Alltagsspeise immer dichter. Auch Luther spricht in einer Epistel von 1525 davon, dass die Kinder um die schönste „putterpomme" wetteifern. Und in dem berühmten „Wimmelbild" von Pieter Bruegel d.Ä., der „Bauernhochzeit" von 1568, sitzt ein Kind am Boden und hat auf dem Schoß eine angebissene Scheibe Brot, die mit Butter belegt ist. Auch auf dem „Familienbild" von Marten von Heemskerk (um 1530) ist der Tisch mit Brot, Obst, Käse – und Butter gedeckt.

Beliebt bei Kindern und Gesinde

Frische Butter war vermutlich allein dem herrschaftlichen und bürgerlichen Tisch vorbehalten, vorzugsweise als Nachtisch bei Festessen und in hübsche Tierformen geschlagen. Ein erstes Butterbrot als Nachtisch an bürgerlicher Tafel taucht in der Verordnung des Krameramtes von 1339 in Bremen auf, die zum Brot „botter unde Texter kese", also Butter und Käse, empfiehlt.

Das Butterbrot mit salzkonservierter Butter scheint hingegen vor allem ein beliebter Imbiss für spielende Kinder und vor allem für Erntehelfer und anderes landwirtschaftliches Gesinde gewesen zu sein – beide bekannt für ihren hohen Energiebedarf beim Spielen bzw. bei der Arbeit. Das allein war für den Beginn seiner Karriere ja schon aller Ehren wert. Doch das Butterbrot sollte noch höhere Weihen erfahren. Es sollte sich für die weitere moderne wirtschaftliche Entwicklung als ein idealer Treibstoff erweisen.

Das Butterbrot als Turboschmiere

Denn wer viel arbeitet, wie die gewerblich tätige Bevölkerung seit dem späten Mittelalter und vor allem die Arbeiter des sich später noch einstellenden Industriezeitalters, muss viel essen. Auch und vor allem zwischendurch. Das Butterbrot, insbesondere die Klappstulle, erwies sich zu genau diesem Zweck – nicht zuletzt auch wegen der eiweißhaltigen Auflagen wie Käse, Schinken und Wurst – als der ideale Energielieferant. Weitaus besser als die üblichen mittelalterlichen Getreidebreie. Butterbrote entwickelten sich zu einer Art Turboschmiere für den industriellen Wirtschaftsmotor. Sie waren leicht herstellbar, leicht transportierbar, hochenergetisch, schmeckten und waren relativ schnell gegessen.

Im 18. Jahrhundert wurde die Palette der Brotbeläge um eine attraktive Variante erweitert: süße Aufstriche. Die wiederum waren eine Folge des mächtig ansteigenden Zuckerkonsums im Zuge der in Mode gekommenen neuen Heißgetränke Kaffee und Kakao.

Nach Osten immer, nach Süden nimmer

Was sich als so variantenreich und so praktisch erweist, das hält in seinem Lauf weder Ochs noch Esel auf. Seit dem 16. Jahrhundert drang das Butterbrot über die Kernregionen des Hansehandels hinaus in immer weiter entfernte Regionen in Ostdeutschland, ins östliche Mitteleuropa, ja bis nach Russland vor.

Nach Süden hin hielt sich indes die Grenze zur Butterschmalzregion noch lange Zeit. Bis ins 19. Jahrhundert hinein war die Salzbutter gerade einmal bis in die Pfalz vorgedrungen. Was in diesem Falle auch damit zu tun gehabt haben könnte, dass man in der südlichen Butterschmalzregion das Brot gerne mit Brot-

Sandwich – die Stulle auf Englisch

Als der Erfinder der englischen Variante der zugeklappten Brotstulle gilt Sir John Montagu (1718–1792), der Vierte Earl of Sandwich. Über seine Kontakte zu den britischen Hochwohlgeborenen, die bis dahin eher ein warmes Diner bevorzugten, macht er die nach ihm benannte Stulle sogar hoffähig.

Schuld am Sandwich war die Spielleidenschaft des Earls, genauer die Leidenschaft fürs Kartenspiel. Letzteres duldete nämlich keine Unterbrechung, auch nicht durchs Essen. Und so bat er nach stundenlanger Zockerei in einer Nacht des Jahres 1762 in seinem Londoner Privatclub nach einer Mahlzeit, die er mit einer Hand essen konnte – um mit der anderen praktischerweise weiterspielen zu können. Man reichte ihm schließlich auf sein Verlangen zwei be- und aufeinandergelegte Brotscheiben. So erblickte das erste Sandwich das Licht der Welt, dass von den Mitspielern des Earls begeistert aufgenommen wurde: „Ich möchte auch so ein Brot wie Sandwich!"

Mit was genau das erste Sandwich belegt war, weiß nicht einmal sein noch lebender Nachfahre, der Elfte Earl of Sandwich. Vermutlich war es dunkles Brot, belegt mit Rindfleisch und Senf, und vermutlich eher rechteckig als in der heute bekannten Dreiecksform. Vielleicht war es aber auch mit Wildbret oder Huhn oder mit den typischen Delikatessen jener Zeit gefüllt, etwa mit Austern oder Aal in Aspik.

Heute schmieren John Montagu, der Elfte Earl of Sandwich, seit 1995 Mitglied des House of Lords, und sein Sohn Orlando Montagu in den USA professionell Schnittchen fürs gemeine Volk. Unter dem Namen Earl of Sandwich betreiben sie eine Schnellrestaurantkette. Doch die Konkurrenz ist groß. Denn leider hatten die Vorfahren das berühmte Sandwich patentrechtlich nicht schützen lassen.

gewürzen wie Fenchel, Anis oder Kümmel versah. Der charakteristische Eigengeschmack solchen Brotes verlangte nach keiner weiteren Bereicherung durch salzige Butter. Die passte sehr viel eher zu dem im Hanseraum und den angrenzenden Regionen üblichen und allein mit Salz gewürzten Schrotbrot.

„Man muss bedenken ..."

1781 reiste der Berliner Friedrich Nicolai Richtung Süddeutschland und machte seltsame Beobachtungen:
„Man muss bedenken, dass in Berlin sehr viel Butter zu Brot

gegessen wird, welches in München sowie in dem ganzen südlichen Deutschland und der Schweiz fast gar nicht geschieht. Denn in diesen Ländern wird bloß Schmalz, d.i. geschmolzene Butter am essen gebraucht. Es ist daselbst gar nicht gewöhnlich, die Butter zu salzen, daher kann man sie nur an dem Tage zum Brote essen, da sie gebuttert ist. Die geschmolzene Butter hingegen ist auf Brot gar nicht zu brauchen, sie hat einen schlechten, faden Geschmack; aber ans Essen und zum Backen ist sie brauchbar und wird auch allgemein gebraucht."

Wilhelm Heinrich Riehl berichtet 1857, dass das Butterbrot gerade einmal bis in die Pfalz vorgedrungen war:

„Die Pfalz liegt hart an der Grenzlinie der norddeutschen ungesalzenen Butter. In neuerer Zeit ist jedoch der niederdeutsche Brauch hier erobernd gegen Süden vorgedrungen und die Pfalz abermals zu einem Mischland geworden. Unsere Großväter in der Pfalz kannten die eingesalzene, in Salzwasser ausgewalkte Butter noch nicht. (...) Jetzt ist das starke norddeutsche Butterbrotessen schon weit über die Mainlinie vorgerückt und hat die Pfalz als seine zurzeit südlichste deutsche Provinz erobert. Denn von der Ausdehnung, in welcher hier selbst bei geringeren Leuten Butter zum ,Zehnuhrbrot' und ,Vieruhrbrot' gegessen wird, hat man in Württemberg und Altbayern noch keinen Begriff."

Mit Kühltechnik gegen Esstraditionen

Moderne Produktionsmethoden der Molkereien und vor allem die innovativen industriellen Kühltechniken des ausgehenden 19. Jahrhunderts machten dann schließlich die Salzkonservierung überflüssig. Jetzt stand streichfähige und relativ lange lagerfähige Butter selbst im Süden Deutschlands, in Österreich und in der Schweiz zur Verfügung. Die Unterschiede der Butterkonservierung waren damit aufgehoben.

Die salzfreie Butter war zudem mit jederlei Belag (süß und salzig) kombinierbar. Und das machte es auch dem Butterbrot einfacher, nunmehr in bis dahin butterbrotfremde Kulturregionen vorzudringen.

Widerstand in Süddeutschland

Wenngleich man sich nichts vormachen sollte: Traditionen, auch und gerade kulinarischer Art, sind nicht gar so einfach zu schleifen. Und so halten sich auch im Süden Deutschlands, jenseits aller Kulturverwischungen, bis heute alte Esstraditionen. Wer zum Beispiel auf einen traditionellen (!) „Veschper"-Teller schaut oder auf die klassischen Zutaten einer bayerischen Brotzeit, wird Butter lange suchen. Er findet Brot, meist ein Roggen- oder Roggenmischbrot, gerne kräftig gewürzt mit Kümmel oder Anis oder Fenchel. Er findet allerlei Käse und Wurst, Schinkenvarianten, Senf, Kren, Gurken und Radieschen. Aber in der Regel keine Butter.

Schneiden oder Brechen – eine Frage der Kultur

Die Ölkulturen des Mittelmeerraumes konnte das Butterbrot noch viel weniger irritieren. Die hätten mit ihren Salzlagerstätten selbst irgendwann auf die Butterkonservierung mit Salz und mithin aufs Butterbrot kommen können. Aber warum hätten sie sollen? Sie hatten ja eine funktionierende und ausgeprägte Olivenölküche. Weshalb man bis heute in Südeuropa das (Weizen-)Brot lieber bricht (um es z. B. in Olivenöl zu tunken), während man in Mitteleuropa eher Scheiben schneidet, auf die man Butter schmiert.

Alte Schnitte – neue Schnitte

Lag die Betonung beim Butterbrot bis ins 20. Jahrhundert noch lange vor allem auf der Butter, so legt man heute auf das Butterbrot so ziemlich alles, was sich auf einer Scheibe Brot als beherrschbar erweist. Die unendliche Palette der Wurst-, Schinken und Käsevarianten ist mittlerweile um so ziemlich jede Fleisch-, Fisch-, Gemüse- und/oder Salatvariation bereichert worden. Von all den Marmeladen und Honigsorten ganz zu schweigen.

In Nachkriegszeiten galt das offene und gut belegte, also nicht mit der zweiten Hälfte der Scheibe gedeckelte Brot, noch als Zeichen von Luxus. In diesen Zeiten kannte man eher das „Schiebebrot", bei dessen Verzehr man die seltene und einsame Scheibe Wurst auf dem Brot bei jedem Bissen mit den Zähnen ein wenig nach hinten schob, um sie erst am Ende genüsslich und vollmundig mit dem letzten Bissen in vollen Zügen zu genießen. Heute versteht nur noch eine Minderheit das einfach belegte „Bütterken" als Luxus. Es steht vielmehr synonym für das Butterbrot. Das Pausenbrot für den Schulhof oder die Stulle für die Arbeitspause oder als Wanderproviant ist allerdings wie früher und vor allem praktischerweise zusammengeklappt.

Hasenbrot im Abendrot

Und wer zu Zeiten in die Schule ging, als der Ranzen noch Ranzen hieß (oder Tornister) und nicht „Scout", der wird sich noch gut an jene olfaktorische Melange erinnern, die einem beim Öffnen der Tasche nach der Schule in die Nase wehte. Es war eine eigentümliche Mischung aus Leder (ja, Ranzen waren aus Leder!), Graubrot, Salami, Holländer Käse und geschältem, aber braun gewordenem Apfel. Vor lauter größeren Aufgaben war man nicht dazu gekommen, sein Pausenbrot zu essen.

Brot essende Kinder um 1934

Diese nicht gegessenen, ein wenig eingetrockneten und wieder mitgebrachten Brote nannte man „Hasenbrot". Und man kannte sie eigentlich von den Bergleuten im Ruhrpott, die solche Brote hin und wieder „vonne Schicht" mit nach Hause brachten, weil auch sie vor lauter größeren Aufgaben nicht zum Verzehr gekommen waren. Daselbst freuten sich „die Blagen" über die milde Gabe des Vaters. Und weil man als Kind damals noch an den Weihnachtsmann glaubte, hörte sich auch die Legende vom Hasen, der dem Bergmann am Wegesrand das Brot mit auf den Weg mit nach Hause gegeben habe, plausibel an. Köstlich waren sie, diese Hasenbrote im Abendrot – in der Erinnerung jedenfalls. Wer Hunger hat ...

Bitte, Schnitte!

Schnitte, ich schnitt dich vom Laibe,
im zartesten Frühmorgenrot.
Scheibe, ich bitte dich, bleibe
Bei mir, bis zum Spätabendbrot.

Schnitte, bleib bitte geduldig,
frag nicht nach zu frühem Verzehr,
vertrau mir, ich bleibe nichts schuldig,
ich mag dich sehr spät umso mehr.

Schnitte, saug bitte das Streichfett,
mit dem ich dich strich, in dich ein,
verschmelze mit ihm und dem Kochmett,
verbündet euch, werdet Verein.

Schnitte, ich schnitt dich doch mittig
Und klappte dich streng kongruent,
dass du, und darum nur bitt ich,
was abschwitzt ins Pergament.

Schnitte, gib bitte den Saugsaft,
so nach und nach ab ins Papier.
Verliere Aroma und Frischkraft,
vertrockne im Jetzt und im Hier.

Schnitte, sei mir bitte Nahrung,
im schummrigen Spätabendrot,
sei Lohn meiner Tagesentsagung,
sei des Hungrigen Hasenbrot.

FRITZ ECKENGA

Die Gegner des Butterbrots

Über 700 Jahre alt ist es also mittlerweile, das gute alte Butter-brot. Und dennoch oder gerade deswegen hat es zu kämpfen. Gegen heftige Konkurrenz, gegen Burger-Ketten und Pizzabu-den, gegen Industriesnacks, die an jeder Straßenecke und selbst in den Kiosken der Schulen feilgeboten werden. Und an deren uniformen Geschmacksterror sich Kinder wie Erwachsene ge-wöhnt haben. 2002 deklarierte McDonalds auf Plakatwänden gar den Tod des Butterbrotes und bewarb belegte Bagels im Rahmen seiner Frühstücksinitiative. Gegen solche Gegner hat es die profane „Kniffte" schwer.

Die Freunde der Stulle

Doch es gibt Widerstand gegen die Angriffe auf die Kulturin-stitution. Wie hilfreich auch immer sie sein mögen. Auf *but-terbrot.de* z. B. setzt sich eine Internetinitiative für den Erhalt des Butterbrots ein, kürt die „Schnitte des Jahres" und bekennt öffentlich: „Ja, wir schmieren Butterbrote".

1999 erklärte zudem die Marketing-Gesellschaft der deut-schen Agrarwirtschaft (CMA) den letzten Freitag des Sep-tembers zum „Tag des Deutschen Butterbrotes". Mit großem Marketing-Tamtam wird an diesem Tag mit alljährlich wieder-kehrendem Presse-Echo für die gute alte Schnitte getrommelt. Bäckereien verteilen hier und da Butterbrote gratis, Preisaus-schreiben überziehen die Republik – nun ja, „wir machen das mit den Fähnchen". Über die tatsächliche Werbewirksamkeit solcher Welttage könnte das Butterbrot sich bei Gelegenheit mal mit einem Schneemann austauschen. Der hat am 18. Janu-ar seinen Welttag.

Bringt's die Butter?

Am siebten „Tag des Butterbrotes" versuchte es die CMA über die Butter. In 5000 Bäckereien lief eine große Testaktion an, bei der Kunden die drei verschiedenen deutschen Buttersorten – mildgesäuert, Süßrahm- und Sauerrahmbutter – testen konnten und sollten.

Doch die gute deutsche Butter, die da deutschlandweit getestet wurde, war wohl leider das, was der Sterne- und Fernsehkoch Vincent Klink als profane „Fettschmiere" bezeichnen würde, wie er dem Journalisten Juan Moreno gestand (in: *Teufelsköche*). Deutsche Butter, Discounterbutter allzumal, kommt ihm nicht aufs Brot. Klink schwört auf Butter aus der Normandie, aus Rohmilch. Und die kommt jeden Morgen auf ein Brot, zu dessen Herstellung der Bäcker das Mehl von einem ausgesuchten italienischen Betrieb kommen lässt. So viel zum Thema Produktqualität.

Die Butter bringt's!

Damit wären wir wieder am Anfang der Butterbrotstory: dem Hochgenuss! Wer sich selbigen gönnen will, sollte einmal das Experiment wagen und sich auf die Suche nach wirklich exzellenter Butter machen. Will heißen: Man lässt den Discounter einmal links liegen und macht sich auf den Weg in die Feinkostläden der Stadt oder in die Hofläden der Umgebung.

Es gibt sie ja, die noch handgeschöpfte Butter von Kleinbetrieben in der ländlichen Region. Oder die Spitzenbutter von namhaften Herstellern oder gar den Stars der Fettszene, die nur mit den besten Rohstoffen und extrem aufwendigen Handwerksmethoden arbeiten.

Gönnen Sie sich einmal eine Butter vom französischen Butterkönig *Jean-Yves Bordier*. Sie gilt den besten Köchen als das Nonplusultra. Ausgesuchte Delikatessläden bieten sie bisweilen an. Auch im Internet wird man fündig (www.genusshandwerker.de). Oder gönnen Sie sich einmal eine *Burro Beppino Occelli* aus Italien, eine *Beurre d'Isigny Sainte-Mére AOC* oder eine Butter von *Pascal Beillevaire*. Oder eine *Odenwälder Butter* aus der Molkerei Hüttental. Oder, oder, oder ...

Mit der Butter verhält es sich wie mit der Suche nach dem guten Brot oder dem guten Wein. Man muss suchen, suchen, suchen und probieren, probieren und noch mal probieren! Bis man gefunden hat, was einen begeistert. Geben Sie sich dem Abenteuer hin. Es mag teurer sein. Bisweilen sündhaft teuer. Aber es lohnt sich. Und Luxus gönnt man sich ja nicht alle Tage.

„Diese Methode war immer erfolgreich …"

Auch Alexandre Dumas (1802–1870), den man gemeinhin als den Autor von Die drei Musketiere oder Der Graf von Monte Christo kennt, war ein großer Freund frischer Butter auf einem guten Stück Brot. Da frische Butter auf Reisen nicht immer und überall zur Verfügung stand, befleißigte er sich eines Tricks, den er in seinem hierzulande weit weniger bekannten, posthum erschienenen Grand Dictionnaire de Cuisine (Das große Wörterbuch der Kochkunst, 1872) verriet:

Hier gebe ich mein Rezept an alle Reisenden weiter, ein einfaches, aber unfehlbares Rezept. Überall, wo ich mir frische Milch besorgen konnte – ob von der Kuh, von der Kamelstute, von der Stute oder vom Schaf –, eignete ich sie mir an, füllte eine Flasche zu Dreivierteln damit, verschloss sie, hängte sie an den Hals meines Pferdes und ließ dieses das Übrige besorgen. Wenn ich abends ankam, zerbrach ich den Flaschenhals und fand ein faustgroßes Stück Butter vor, dass sich selbst erzeugt hatte. Diese Methode war immer erfolgreich, in Afrika wie am Kaukasus, in Sizilien wie in Spanien.

Boule und Baguette

Ein Butterbrot in seiner puristischen Klasse mit einem roggenlastigen deutschen Landbrot und bester Butter, das ist ein kulinarischer Leuchtturm. Niemand (außer den Butterhassern) wird dies ernsthaft bestreiten. Selbst die Vertreter jener Nationen nicht, die zur internationalen Brotkultur eine leichtfüßigere Weizentradition beigesteuert haben. Denn auch sie bewundern die Deutschen für ihr Brot, die Vielfalt und ihre Brot-und-Butter-Tradition.

Doch was wäre das Leben, bitteschön, ohne die französische Leichtigkeit des Seins? Ohne die italienische Lust an den kleinen Brothäppchen, den köstlichen Crostini? Was wäre das Leben ohne die großporige, knusprige und unter den Arm geklemmte Beiläufigkeit, die man Baguette nennt? Was ohne eine Focaccia mit ein wenig Öl, Salz und Rosmarin? Das Leben wäre um einen luftigen Hochgenuss ärmer. Und um einige der schönsten Reiseerinnerungen! Denn die besten Baguettes bekommt man bis heute vor allem in Frankreich. Die besten Focaccias in Italien. Hierzulande erhält man allzu oft – von Ausnahmen abgesehen – lediglich Imitationen des französischen oder italienischen Originals: zu schwer, zu dicht, zu deutsch.

Deutschland – Frankreich

So wie Deutschland lange Zeit Roggenland war, so ist Frankreich nicht erst seit gestern Weizenland – und damit traditionell eher den Italienern verwandt. Und den Schweizern (in weiten Teilen jedenfalls). Und den Spaniern. Um nur die nähere Nachbarschaft zu nennen.

Natürlich kennen die Franzosen auch den Roggen. In vielen klassischen französischen Brotsorten ist er enthalten. Doch

Zum 24. September

Als Leidensgenossen bedauerte ich auch in dieser Zeit zwei hübsche Knaben von vierzehn bis fünfzehn Jahren. Sie hatten, als Requirierte, mit vier schwachen Pferden meine leichte Chaise bis hierher kaum durchgeschleppt und litten stille, mehr für ihre Tiere als für sich; doch war ihnen so wenig als uns allen zu helfen. Da sie um meinetwillen jedes Unheil ausstanden, fühlte ich mich zu irgendeiner Pietät gedrungen und wollte jenes erhandelte Kommissbrot redlich mit ihnen teilen; allein sie lehnten es ab und versicherten, dergleichen könnten sie nicht essen, und als ich fragte, „was sie denn gewöhnlich genössen?", versetzten sie: „Du bon pain, de la bonne soupe, de la bonne viande, de la bonne bière." Da nun bei ihnen alles gut und bei uns alles schlimm war, verzieh ich ihnen gern, dass sie mit Zurücklassung ihrer Pferde sich bald darauf davonmachten. Sie hatten übrigens manches Unheil ausgestanden, ich glaube aber, dass eigentlich das dargebotene Kommissbrot sie zu dem letzten entscheidenden Schritt, als ein furchtbares Gespenst, bewogen habe. Weiß und schwarz Brot ist eigentlich das Schibboleth, das Feldgeschrei zwischen Deutschen und Franzosen.

JOHANN WOLFGANG VON GOETHE,
CAMPAGNE IN FRANKREICH, 1792

das feingemahlene, weiße Weizenmehl, das jahrhundertelang reiner Luxus und allein den Vornehmsten vorbehalten war, schien den Franzosen, den alten Revoluzzern, weit erstrebenswerter als das Dunkle und Schwere des (deutschen) Roggenbrotes, das man in seinem schrotigen Auftritt nicht nur als Schwarz-, sondern aus gegebenem Anlass auch als Kommissbrot bezeichnete.

Dass die Brotgrenze zwischen Deutschland und Frankreich exakt entlang der Weizen- und Roggenbrotgrenze, zwischen Schwarz und Weiß verlief, dafür gibt es keinen besseren Zeugen als den Großmeister Goethe. Der hatte 1792 am Feldzug gegen das revolutionäre Frankreich teilgenommen und die abgrundtiefe Abscheu der Franzosen (in Gestalt von zwei französischen Knaben) vor dem dunklen Brot, dem Kommissbrot der Deutschen, persönlich in Augenschein nehmen dürfen.

Das berühmte Schibboleth

Das von Goethe als „Schibboleth" bezeichnete „Feldgeschrei", also die eigentliche Kulturgrenze zwischen Frankreich und Deutschland, ist sprachlich ebenso meisterlich wie pointenreich gewählt. Es rührt nämlich in seinem Ursprung vom Hebräischen für „Getreideähre" her. Einerseits.

Andererseits bedeutet „Schibboleth" aber auch „Code-" oder „Losungswort". Das wiederum geht auf das alte Testament zurück (Richter, Kapitel 12), wo die Gileaditer die Ephraimiter bei dem Versuch, unbefugt den Jordan zu überqueren, an der falschen Aussprache des Codewortes „Schibboleth" enttarnten.

Das Kommissbrot war also der Erkennungscode der Deutschen – zumindest in den Augen der Franzosen. „An ihren Früchten sollt ihr sie erkennen", heißt es bei Matthäus 7,16. Die Deutschen erkannte man an ihrem Brot, nicht ihren Früchten.

Schwarzbrot, hart wie Stein

Auf einer Reise von Compiègne nach Potsdam kam der französische Philosoph Voltaire (1694–1778) auch durch das für den Pumpernickel bekannte Westfalen. Seine französische Abneigung gegen diesen Volksstamm und das (deutsche) Schwarzbrot war von besonderer Herzlichkeit geprägt (Cahiers de lecture No. XII, 1785):

In großen Hütten, die Häuser heißen, sieht man Tiere, die sich Menschen nennen und auf das innigste mit anderen Haustieren zusammenleben. Ein harter Stein, schwarz und klebrig und aus Roggenkörnern zusammengesetzt, ist die Nahrung der Besitzer dieser Häuser.

„Dann sollen sie doch Kuchen essen!" ...

Die Franzosen gingen fürs Brot auf die Straße. Revolution machen. Nicht allein fürs Brot. Und bestimmt nicht für ein dunkles Kommissbrot. Aber für *ihr* Brot. An Brot hatte es ihnen nämlich gemangelt. Und das schon seit längerem. Bereits 1775 war es wegen der Wucherpreise für Brot aufgrund skrupelloser Getreidespekulationen zum sogenannten Mehlkrieg gekommen: Allein in Paris wurden 1300 Bäckereien geplündert, auf dem Land hatte man unzählige Mühlen und Geschäfte gestürmt. Erst unter Einsatz von 25 000 Soldaten konnte in Paris wieder Ruhe und Ordnung hergestellt werden. Das Volk bedachte die königliche Familie fortan mit einem durchaus trefflichen Bild, wenn es von „Le boulanger, sa femme et le petit mitron", vom Bäcker, seiner Frau und dem kleinen Bäckergesellen redete, der nicht in der Lage war, sein Volk zu ernähren. Und dann machte Marie-Antoinette, Königin von Frankreich und Gattin von Ludwig XVI., in ihrem Geisteszustand chro-

P. A. Lesueur & J. B. Lesueur: Erntedank in Paris (1796)

nischen Hochmuts angesichts des vorrevolutionären Hungers
der Massen einen Fehler und sagte (angeblich) den berühmten
Satz: „Wenn sie kein Brot haben, so mögen sie doch Kuchen
(*brioche*) essen." Das war provokant. Und zynisch. Und nicht
zuletzt dafür fiel am 16. Oktober 1793 ihr Kopf von der revolutionären Guillotine (wie zuvor der ihres Gatten). Nur: Ur-
heberrechtlich ist Marie-Antoinette für diese hübsche Bosheit
überhaupt nicht haftbar zu machen.

Die böse Kuchenbemerkung stammte nämlich von Jean-Jacques
Rousseau, dem moralisierenden Schriftsteller mit Hang zum
Adel-Bashing. Der zitierte mit dem Kuchenspruch eine „große
Prinzessin". Und zwar bereits 1766. Da war Marie-Antoinette
gerade einmal zehn Jahre alt und lebte als Tochter von Franz I.
und Maria Theresia noch in Wien. An den französischen Hof
heiratete sie erst 1770. Da war sie 14. Die von Rousseau zitierte
Prinzessin konnte sie also schlechterdings nicht sein.

Der Kuchen

Es war auf einer Wanderung. Die Landschaft, in der ich mich befand, war von unwiderstehlicher Großartigkeit und Hoheit. Und etwas davon teilte unverkennbar in diesem Augenblick sich meiner Seele mit. Leicht wie die Luft schwangen meine Gedanken sich empor (...) als die unheilbare Materie ihre Forderungen geltend machte, sodass ich beschloss, der Müdigkeit stattzugeben und den Hunger zu stillen, welche ein so langwieriger Anstieg verursacht hatte. Ich zog aus meiner Tasche ein großes Stück Brot, (...) und eine Flasche mit einem gewissen Elixier, das die Apotheker damals den Bergsteigern verkauften (...). Ich schnitt gerade in aller Ruhe mein Brot, als ein Geräusch mich aufblicken ließ. Vor mir stand ein kleiner Kerl, zerlumpt, schwarz, struppig, dessen hohle, scheue und gleichsam flehende Blicke das Stück Brot gierig verschlangen. Und mit rauher Stimme hörte ich ihn leise das Wort: Kuchen! Seufzen. Ich konnte mich des Lachens nicht enthalten, als ich die Bezeichnung vernahm (...) ich schnitt ihm eine gehörige Scheibe herunter und bot sie ihm an. Zögernd kam er näher, wobei er den Gegenstand seiner Begehrlichkeit nicht aus den Augen ließ; dann schnappte die Hand danach und hastig wich er zurück (...). In dem nämlichen Augenblick jedoch wurde er von einem anderen kleinen Wilden über den Haufen gerannt, (...) der dem ersten so völlig glich, dass man sie für Zwillingsbrüder hätte halten sollen. Sie wälzten sich zusammen auf dem Boden (...). Wütend packte der erste den anderen bei den Haaren; dieser verbiss sich in dessen Ohr (...) er raffte sich wieder auf und versetzte dem Sieger mit dem Kopf einen Stoß in den Magen, dass er hintüber fiel. Wozu einen so abscheulichen Kampf beschreiben, der weitaus länger dauerte. (...) und als sie endlich erschöpft, keuchend, blutend abließen voneinander (...), da hatte sich, die Wahrheit zu sagen, der Gegenstand des Kampfes in nichts aufgelöst

(...). (...) lange noch saß ich in traurigen Gedanken und wiederhol-
te mir immerfort: „Es gibt also ein herrliches Land, wo das Brot
Kuchen heißt und ein so seltener Leckerbissen ist, dass er genügt,
einen mörderischen Bruderkrieg zu entfachen!"

CHARLES BAUDELAIRE, LE GÂTEAU (DER KUCHEN), 1862

Baguette, das französische Nationalsymbol ...

Was den Deutschen der Sepplhut, die Krachlederne und der Rauhaardackel – ein Klischee nämlich –, sind den Franzosen das Baguette und der Zigarettenstummel unter der Baskenmütze. Im Gegensatz zum Sepplhut in Deutschland ist das Baguette in Frankreich allerdings tatsächlich ein heiliges Nationalsymbol. Es ist 70 cm lang, hat eine lockere, luftige, cremefarbene Krume und es wird aus feinem Weizenmehl gebacken, jenem Edelstoff, der allzu lange allein dem Brot des Adels und der reichen Städter vorbehalten war. Das Volk musste sich derweil mit dunklem und schwer verdaulichem Brot aus grobem Mehl und Kleie begnügen. Dieses grobe Vollkornbrot bestand aus einer Mischung unterschiedlicher Mehlsorten, weil man gerne mehrere Getreidearten aussäte, um den Verlust bei Getreidekrankheiten zu minimieren.Eine erste Demokratisierung der Mehl- und Brotordnung erfolgte – natürlich – während der Revolution (1789). Die gebar ein *Pain de l'Égalité* (per Dekret vom 15.11.1793), ein etwas helleres Revolutionsmischbrot, bestehend aus drei Teilen Weizen und einem Teil Roggen oder Gerste. Das entsprach zwar dem revolutionären Wunsch nach Egalité im Brotregal, hatte aber mit einem Baguette noch nicht einmal ansatzweise etwas zu tun.

... kam aus Wien!

Doch dann kamen die Österreicher, namentlich der Herr Baron Zang, Artillerieoffizier und Waffenproduzent, und eröffnete in den 1840er Jahren seine *Boulangerie Viennoise* – mitten in Paris. Im Schlepptau knapp 1000 weitere österreichische Bäcker. Und die buken, was sie nun mal besonders gut backen konnten: das längliche *Pain Viennois* mit seinen schrägen Einkerbungen an der Oberfläche.

Um die unnachahmliche Qualität ihres Wiener Langbrotes zu gewährleisten, mussten sie zunächst sogar spezielle Backöfen bauen, in denen sich Wasserdampf und Hitze länger hielten und mit denen erst die legendäre und sagenhaft knusprige Lasur herstellbar war. Das war wohl der entscheidende Kick. Die euphorisierten Pariser Bäcker adaptierten den knüppelähnlichen Kulturimport umstandslos für ihre städtische Kundschaft. Es dauerte ein wenig, bis das Baguette Anfang des 20. Jahrhunderts auch die Provinz erreicht hatte. Aber von Paris aus eroberte die österreichische Brotflöte als gallisches Baguette schließlich dann doch ganz Frankreich. Et voilà: Da war es, das Nationalsymbol!

Chez Auzet – ein Mythos

Dass die Franzosen ihre Sterneköche verehren wie Kinostars, dürfte sich herumgesprochen haben. Der Verehrung werden aber auch ihre besten Brotbäcker, und vor allem ihre besten Baguettebäcker teilhaftig. In Cavaillon, der Melonenmetropole der Provence, einem kleinen Städtchen mit rund 23 000 Einwohnern in der Nähe von Avignon, residierte bis vor kurzem noch eine der ältesten und besten Bäckereien, die seit Generationen von der Familie Auzet betrieben wurde. Sie war eine Attraktion! Peter Mayle, Buchautor und britischer Wahl-Franzose, setzte gemeinsam mit dem letzten der Besitzer, Gerard Auzet, dieser alten Institution mit einem kleinen Büchlein ein Denkmal: Die *Geheimnisse eines französischen Bäckers* gerieten ihm unweigerlich als eine Hommage an das althergebrachte Handwerk – und vor allem an die Güte von traditionell hergestellten Baguettes. Der Urgroßvater Auzet hatte Mitte des 19. Jahrhunderts die Familientradition des mit einem Sauerteigansatz, dem *levain*, hergestellten Brotes gegründet. Mit diesem *levain*, dessen Herstellung bis zu 20 Tage in Anspruch nehmen konnte, zog er noch von Bauer zu Bauer und verbuk deren Mehl. Sein Urenkel

Gerard, der unlängst in Ruhestand ging, schwor wie sein Ur-großvater auf den *levain*. Und auf eine Temperaturformel, deren magische Zahl 56 lautete: Die Temperatur der Küche, des Wassers und des Mehls musste zusammen immer exakt 56 °C ergeben. Sonst konnte es nichts werden mit den Baguettes und all den anderen Broten. Muss was dran gewesen sein. Die Qualität seines Brotes, für das man nach Cavaillon pilgerte, war legendär.

Baguette in der Krise

Doch jenseits solcher Bäcker-Mythen konnte nicht verborgen bleiben, dass auch die Franzosen mit der gleichen industriellen Banalisierung ihrer Brotqualität zu kämpfen hatten und haben, wie die Deutschen (und der Rest der Brot essenden Welt). Und da war das Nationaldenkmal Baguette mit inbegriffen. In den 1980er und 1990er Jahren wurde es nämlich landesweit geschmacklich immer einförmiger und fader. Großmühlen belieferten unzählige Backstuben mit standardisierten Mehlmischungen. Auch vor industriell vorgefertigtem Teig schreckten viele Bäcker nicht mehr zurück. Der zeitraubende Sauerteig, der *levain*, hatte der schnelleren Hefe weichen müssen.

Gerettet: Der beste Boulanger von Paris!

Da musste also etwas getan werden. So etwas regelt man in Frankreich gerne von Staats wegen. Also verfügte 1993 der damalige Premierminister Édouard Balladur per Dekret, dass Bäcker, die den Ehrentitel *boulangerie artisanale* (der dem Kunden handwerklich hergestelltes Brot garantiert) führen wollen, ihren Baguette-Teig selbst herstellen müssen. Und zwar ohne Konservierungsstoffe und chemische Gärmittel. Das *Baguette Tradition* darf nur aus Mehl, Wasser, Salz und Hefe bestehen.

Die Jury des „Grand Prix de la Baguette de
la Ville de Paris" (Best Baguette of Paris 2013)
hier bei der Verkostung 2013.

Seit 1994 kürt Paris flankierend in jedem Frühjahr den besten „Boulanger" der Stadt. Eine Jury aus Kollegen der Bäckerinnung, Gastronomen und Spitzenköchen bestimmt seither nach eingehender Prüfung der betreffenden Baguettes, wer von den ca. 150 bis 200 Bewerbern den sehr werbewirksamen *Grand Prix de la Baguette* erhält. Obendrauf gibt's noch 4000 Euro Preisgeld und das Recht und die Ehre, ein Jahr lang den Élysée-Palast zu beliefern. All das hat dazu geführt, dass die Pariser und die Franzosen ihr altes Baguette wiederentdeckt haben – obwohl das *Baguette Tradition* natürlich teurer ist als jede Supermarktware von der Stange.

Friede nunmehr, kein Feldgeschrei

Französische Brothistoriker kann auch der Rückgang der täglich verzehrten Baguette-Mengen nicht wirklich schrecken. Zwar wandern heute nur mehr 125 Gramm der Weißbrotknüppel pro Tag in französische Bäuche im Vergleich zu einem ganzen Baguette vor 40 Jahren und sogar drei vor dem 1. Weltkrieg. Doch der französische Brotmarkt mit seinen 32 000 Bäckereien (in Deutschland sind es nur noch 13 000) ist weit weniger von industriell organisierten Großbackketten bedroht als der deutsche.

Im Gegenteil: Die französischen Bäcker haben auf die Abkehr der Kunden vom geschmacksuniformen Broteinerlei der Vergangenheit mit einer neuen Vielfalt an neuen hochwertigen Brotsorten reagiert. Und unter denen findet man selbst Brote mit sehr deutsch klingenden Namen. Ja, sogar das *Schwarzbrot*, das alte Goethesche *Schibboleth*, das *Feldgeschrei* zwischen Deutschen und Franzosen, findet man mittlerweile in französischen Brotregalen.

Das geht auch heute noch:
handgefertigtes Brot von Poilâne.

Poilâne – legendäres Landbrot

Mit den dünnen, lang gestreckten Baguettes, die Anfang des
20. Jahrhunderts so beliebt waren, konnte Pierre Poilâne nichts
anfangen. Weißbrot aus teurem hellem Mehl mochte für Frei-
heit, Wohlstand und Überfluss stehen, doch als Poilâne 1932
aus der Normandie nach Paris kam und im Künstlerviertel Saint
Germain-des-Près seine Bäckerei eröffnete, bot er jene großen,
runden Brote an, von denen sich die französische Bevölkerung
seit Jahrhunderten ernährt hatte. Und die nannte man wegen
ihrer Form *boules*, Kugel – weshalb noch heute in Frankreich
eine Bäckerei eine „Boulangerie" genannt wird. Poilâne verar-
beitete – sehr authentisch – nur grob in Steinmühlen gemah-
lenes Mehl, das eine grau-bräunliche Farbe besitzt. Wenn man

die aufgeschnitten Laibe sieht, könnte man meinen, es handele sich um Graubrot, also ein Mischbrot. Ein Eindruck, der sich geschmacklich fast bestätigt. Doch das *Pain Poilâne* mit seiner luftigen Krume ist ein reines Weizensauerbrot, enthält also keinen Roggen. Dabei ist es geblieben. Der besondere Clou: Seit 1932 werden die Laibe in Holzkohleöfen gebacken. Und alles, bis auf die Teigknetteri, wird noch von Hand erledigt: Teig ansetzen, abwiegen, Kugeln formen, in einen Weidenkorb legen, den aufgegangenen Teig einschießen. Allein in der Manufaktur im Pariser Vorort Bièvres werden aus 24 Holzöfen jeden Tag an die 7000 Laibe gezogen.

Ein Kronleuchter aus Brot

Der Sohn des Firmengründers, Lionel Poilâne, war befreundet mit dem exzentrischen Surrealisten Salvador Dalí. Dem buk er in den 1970er Jahren einen Deckenleuchter aus Brotteig, einen Bilderrahmen, einen Vogelkäfig, ein Bett, einen Schrank. Das war gute PR fürs Geschäft. Als Lionel Poilâne 2002 mit seiner Frau bei einem Hubschrauberabsturz über dem Ärmelkanal ums Leben kam, übernahm seine damals 18-jährige Tochter Appolonia die Geschäfte. Heute stehen sie Schlange vor dem Gebäude in der Rue du Cherche-Midi, vor Frankreichs berühmtester Boulangerie. Ursprünglich war hier ein Kloster beheimatet. Heute betet hier die Kundschaft das *Pain Poilâne* an. Aber nicht nur hier, in 1500 Läden und 1000 Restaurants wird es angeboten. Auch in Deutschland, z. B. in den Galeries Lafayette in Berlin. Selbst in Übersee, per Kurier. Und wer es einmal probiert hat, bestrichen mit ein wenig Rillette oder mit guter Butter etwa (sic!), der weiß, was es mit dem Hype ums Landbrot aus Paris auf sich hat.

Ein Pariser in Deutschland

Wie wir wissen, verzehrt das französische Volk weitaus mehr Brot als andere Völker und zweifellos führt dies dazu, dass hier weniger Krankheiten ausbrechen. (...) Im Gegensatz dazu besteht die Hauptnahrung der Engländer und Deutschen aus Fleisch und Kartoffeln, was nicht bedeuten soll, dass diese Angewohnheit nur schlecht sei (...).

Eines Tages ward ein Bewohner von Paris, der sich gerade in einer deutschen Stadt aufhielt, bei einem seiner Freunde zum Dîner eingeladen.

Punkt sechs Uhr traf er dort ein, sah einen für ein Dutzend Leute reich gedeckten Tisch, war jedoch sehr verwundert über die Kleinheit der Brotstücke, die sich unter jeder Serviette befanden. Als er bereits eine Viertelstunde gewartet hatte, kein anderer Gast sich blicken ließ und ihn der Hunger heftig quälte, dachte er: „Was soll's, ich befinde mich bei einem Freund, ich brauche mich nicht zu genieren, wenn ich dieses kleine Stückchen Brot esse. So kann ich die Wartezeit aushalten, bis die anderen Gäste kommen ..."

Er nahm also das Stück Brot und aß es.

Es verging eine weitere Viertelstunde, er dachte sich dasselbe wie vorhin und aß zwei Stückchen Brot, da nichts anderes da war. Schließlich aß er, da sein Freund und die anderen Gäste immer noch nicht eingetroffen waren, beim Warten alles Brot auf, das sich auf dem Tisch befand (...). Nachdem unser Pariser Freund ihnen erzählt hatte, dass er es gewesen war, der alles gegessen hatte, lachten sie herzlich und fragten ihn, wie er es angestellt hatte, eine derartige Menge Brot zu verschlingen.

Sie aber verzichteten gern darauf, (...) und die zwölf Stück Brot in seinem Magen hinderten auch den Landsmann nicht, dem Dîner seines Freundes alle Ehre zu machen.

ALEXANDRE DUMAS, LE GRAND DICTIONNAIRE DE CUISINE
(DAS GROSSE WÖRTERBUCH DER KOCHKUNST), 1872

Conpanatico – die italienische Brotlust

M it einer mindestens so stolzen Brotkultur wie die Franzosen können auch die Italiener aufwarten. Wie die französische ist auch die italienische Liebe zum Brot eher weizenlastig. Für viele der typischen regionalen Spezialitäten kommt aber nicht nur Mehl aus Weichweizen (bevorzugt v. a. im Norden), sondern auch Mehl aus Hartweizen zum Einsatz, mit dem man normalerweise Nudeln macht.

Wer einmal in Italien umhergereist ist und die italienische Esskultur in ihrer bodenständigen wie auch gehobenen Variante hat genießen dürfen, der weiß, dass Brot, aus welchem Weizen auch immer, in den unterschiedlichsten Variationen aus dem italienischen Alltag einfach nicht wegzudenken ist. Brot begleitet die Menschen durch den ganzen Tag, ob morgens in den Milchkaffee getunkt, als Begleitung zu Suppen oder als deren essentieller Bestandteil, als feststofflicher Begleiter zum ersten Wein, als kleine einfache oder raffinierte Vorspeise oder als Zwischenmahlzeit mit gegrilltem Gemüse, Käse, Schinken, Fisch oder einer Kombination belegt.

Eine alte Liebe rostet nicht

Brotbegeistert ist man in Italien nicht erst seit gestern. Der berühmte florentinische Renaissance-Humanist Marsilio Ficino (1433–1499) beschrieb im zweiten Buch seiner Trilogie „De vita libri tres" (Drei Bücher über das Leben), was es auf sich hat mit dem richtigen Verhältnis von Brot zu anderen Lebensmitteln. In „De longa vita" (Vom langen Leben) gibt der Philosoph vor: „Das Verhältnis von Brot zu Getränken sollte zwei

Brot auf dem Dorf

Einige Kilometer von meinem Haus in Corgeno liegt mitten in der Lombardei (...) das Dorf Cuirone mit seinen hellen, gelb verputzten Häusern. Es hat sich seit meinen Kindertagen kaum verändert. Mitten im Dorf befindet sich die Sociatà Mutuo Soccorso, ein Kaufladen und Restaurant mit angegliederter Bäckerei, die fantastisches Maronen- und Kürbisbrot herstellt sowie das große Pane Bianco, ein Brot für jeden Tag. In der Bäckerei steht ein Korb mit Zugschnurbeuteln – manche kariert, manche geblümt. Jede Familie hat ihren eigenen Beutel, und die Bäcker wissen, wer welches Brot bekommt; wenn die Laibe am Morgen aus dem Ofen kommen, werden die Beutel gefüllt und mit dem Motorroller ausgeliefert.

Italiener sind sehr ungeduldig ...

Wir können im Straßenverkehr nicht länger als eine Minute still sitzen und wir hassen es, auf unser Essen zu warten. Darum haben wir die Antipasti erfunden, wörtlich übersetzt „vor dem Essen (pasto)" (...) Italiener wollen immer so schnell wie möglich an den Tisch, damit das Brot serviert werden kann. Und nicht nur das Brot – wir wollen auch Salami, Schinken, vielleicht eingelegte Artischocken, Oliven (...) Wir wollen bei einem Glas Wein miteinander reden und streiten, weil alles, was passiert, für uns ein Schauspiel ist und jeder eine Meinung dazu hat – aber wir müssen essen, während wir es besprechen.

Giorgio Locatelli, Made ein Italy. Das Kochbuch, 2008

zu eins sein, von Brot zu Eiern anderthalb zu eins, von Brot zu Fleisch drei zu eins und von Brot zu feuchtem Fisch, grünem Gemüse und Früchten vier zu eins."

Brot war für die alten Römer (s. S. 36) ebenso unverzichtbar wie für die florentinischen Bankette der Medici in der Renaissance, deren kulinarischer Prunk ohne Brotbegleitung ebenso undenkbar war wie das Leben der armen Bevölkerung, für die Brot das Hauptnahrungsmittel war.

Bruschette, Crostini & Co.

Noch heute ist das erste, was in einer Trattoria auf den Tisch kommt, in der Regel ein Brotkorb, der normalerweise Bestandteil von *il coperto* ist, dieser typisch italienischen „Gebühr" für das Gedeck. Und so gut wie jede italienische Region hat, darin Deutschland ähnlich, seine eigenen Brotspezialitäten und Brotgerichte. Und die entwickelten sich über die allgegenwärtigen italienischen Restaurants im Ausland zu wahren kulinarischen Exportschlagern.

Am bekanntesten dürften die ebenso einfachen wie genialen *Bruschette* (ital. *bruscare*, rösten) aus der Toskana und den Abbruzzen sein. Dahinter verbirgt sich in seiner Rohfassung nichts weiter als eine Scheibe geröstetes Brot, über das man eine Knoblauchzehe reibt und anschließend Olivenöl träufelt. Puritanisch, aber mit einem wirklich guten Öl eine der größten mediterranen Köstlichkeiten. Mindestens ebenso bekannt, vielleicht sogar noch bekannter, ist die Variante *con pomodoro e basilico*, bei der Tomatenstückchen mit Öl, kleingewürfeltem Knoblauch, Salz, Pfeffer und ein wenig Basilikum vermengt und auf das geröstete Brot gelegt werden.

Crostini, also ebenfalls geröstete Weißbrotscheiben, werden einfach mit Öl und Oregano oder variantenreich mit Oliven-, Sardellen, Thunfisch- oder mit einer mit Vin Santo aromatisierten Geflügelleberpaste bestrichen und als Antipasti gereicht.

Zum Reinbeißen – Bäckerei in der Toskana

Pappa al Pomodoro und Panzanella

Auch eine italienische Suppe ist ohne Brot nicht denkbar. Wobei das Brot in einem Klassiker der toskanischen Küche nicht Beilage, sondern neben den Tomaten zumindest der Co-Star ist. Bei der *Pappa al Pomodoro* wird toskanisches Brot – in große Würfel geschnitten oder in Stücke gerissen – in die aus grob gehackten Tomaten, Öl, Gemüsebrühe und Basilikum bestehende Suppe gegeben, wo es sich mit der Flüssigkeit vollsaugt zu einer, na ja, zu einer echten „Pappa" eben. Es gibt kaum etwas Belebenderes!

Ähnlich geht es bei der *Panzanella* zu, einem Salat, der das Brot ebenso aus seiner Begleiterrolle befreit und zum Hauptakteur erklärt. Brot wird in Wasser eingeweicht, mit einer Gabel zerdrückt und mit klein gewürfelten Zwiebeln, Tomaten und Gurken sowie mit Öl, Essig, Salz und Pfeffer vermischt. Vor dem Servieren kommt der Salat eine Stunde in den Kühlschrank – im Sommer eine unglaublich erfrischende Köstlichkeit.

Ciabatta, Pane di Altamura und La Carta di Musica

In der Basilicata besagt ein altes lukanisches Sprichwort: Nn nghè mangiat r' re cchiù sapurit' r rippan! Liest sich ein wenig holprig, heißt aber nichts anderes als: Es gibt kein königlicheres Gericht als Brot! Stimmt! Jedenfalls wenn man jemals ein traditionelles, aus speziellen Hartweizensorten und mit Meersalz hergestelltes *Pane di Altamura* aus Apulien hat genießen dürfen. Es ist wohl eines der besten italienischen Brote, das in Altamura in mit Mandel- und Olivenholz befeuerten Holzöfen, sogenannten *forni*, gebacken wird. Im besten Fall jedenfalls. Apulien, der Stiefelabsatz Italiens, ist *die* Hartweizenregion. Es wundert also nicht, dass ausgerechnet hier neben frischen Nudeln vor allem Hartweizenbrote einen legendären Ruf genießen.

Für solche und andere italienische Brot-Spezialitäten bedarf es spezieller Mehlmischungen aus bestimmten Weizensorten. Dies ist auch der Grund, warum sich so mancher italienische Bäcker, der sich in Deutschland niedergelassen hat, seine Mehlmischungen von italienischen Mühlen liefern lässt. Abgesehen davon, dass sich mit so einer Mehl-Authentizität auch gut werben lässt. In Sardinien gibt es bis heute eine weitere Spezialität, die sich eigentlich *Pane Carasau* nennt, von den Festlandbewohnern aber immer *Carta di Musica* genannt wurde, weil die hauchdünnen, kreisrunden Brotscheiben an Notenpapier erinnern. Die stapelweise verkauften Cracker werden mit Öl beträufelt, dann mit Rosmarin bestreut, kurz aufgebacken und serviert. So einfach, so gut!

Über die Karriere des Ciabatta hingegen kann sich selbst so mancher Italiener nur wundern. Ursprünglich, als nach dem Krieg Weißmehl als Luxus galt, wurde das Ciabatta („Pantoffel") aus Teigresten in seine längliche Form gewalkt und gebacken. Der Exportschlager jedoch, der seit den 1990er Jahren das Ausland im Sturm erobert hat und auch in Deutschland in aller Munde ist, geht auf ein industriell hergestelltes Brot zurück. 1982 erfand Arnaldo Cavallari die Rezeptur für „das neue Ciabatta" mit einer bestimmten Mehlsorte seiner Mühle und lizenzierte die Produktion seiner Broterfindung in mehreren Ländern.

Was essen wir heute zum Brot?

Im Unterschied zu anderen italienischen Regionen bevorzugt man in der Toskana schon seit dem Mittelalter salzloses Brot. Vermutlich war den Florentinern damals das Salz aus Pisa zu teuer. Vielleicht lag es aber auch daran, dass in der Toskana die entscheidende Frage traditionell immer war, was man wohl am besten zum Brot, also *conpanatico* isst. Und diese Frage beantwortet man bis heute gerne mit toskanischen Salamispezialitäten und allerlei anderen Köstlichkeiten wie toskanischem Schinken und Käse etc. Und die sind gut genug gewürzt. Da passt ein salzloses Brot perfekt.

Die Frage, was man wohl am besten zum Brot isst, hat man sich aber nicht nur in der Toskana gestellt. *Il conpanatico* ist in vielen Regionen eine grundsätzliche Einstellung, mit der man an einen Esstisch herantritt, weil Brot in Italien nun mal eine so große Rolle spielt.

Il conpanatico

Als ich auf Sizilien war, lernte ich einen neuen Ausdruck kennen: il conpanatico. Ich war in den Olivenhainen auf dem Gut Planeta bei Menfi zu Gast und verkostete die Öle, die wir von Alessio Planeta und seiner Familie beziehen. Es arbeiteten gerade einige Landwirtschaftstudenten aus Rom dort. Gegen elf Uhr fragte einer von ihnen: „Che cosa c'è per il conpanatico?" – „Wovon redet ihr?", fragte ich sie. Natürlich begriff ich, dass conpanatico „mit dem/zum Brot" bedeutete – aber ich hatte diesen Ausdruck noch nie gehört. Sie erklärten mir, dass Brot in dieser Gegend eine so große Bedeutung hat, dass man nicht fragt: „Was gibt es zum Mittagessen?", sondern: „Was essen wir zum Brot?"

GIORGIO LOCATELLI, MADE IN ITALY. DAS KOCHBUCH, 2008

Grissini – Schonkost fürs königliche Gedärm

Als letzte italienische Brotbekanntheit soll noch auf die dünnen *Grissini* hingewiesen werden. In Verbindung mit einem Glas Rotwein gelten sie als der schönste Zeitvertreib bis zum Auftragen der Vorspeise. Auch als Knabbergebäck auf Stehpartys oder als Finger Food, mit Parmaschinken umwickelt, sind sie sehr beliebt – und das nicht allein im Piemont, wo sie herkommen. Wobei man sich mit Fug und Recht darüber streiten darf, ob die in Plastik verpackte, staubtrockene und meist sehr fad schmeckende Fabrikware, die allenthalben angeboten wird, wirklich noch einen Genuss darstellt.

Wer aber das Piemont besucht, sollte es mal auf einen Versuch ankommen lassen, eine der kleineren Bäckereien in der Turiner Gegend aufzusuchen und einen handgefertigten Grissino zu probieren. Vermutlich wird er wie einst Napoleon nicht mehr davon lassen wollen. Der knabberte selbst bei Waterloo noch an seinen „Turiner Stängelchen". Danach war Schluss mit Knabbern.

Ursprünglich hatten die Grissini die Aufgabe, beruhigend auf den Verdauungstrakt zu wirken – auf einen adeligen Verdauungstrakt allerdings. Herzog Viktor Amadeus II. (1666–1732) war ein Sprössling des Hauses Savoyen, eines mächtigen norditalienischen Herrschergeschlechts. Doch bereits in den Startlöchern schwächelte das junge Geblüt. Mit gerade einmal neun Jahren erkrankte er nachhaltig an einer Gastroenteritis, wurde immer dünner und schwächer. Der von der Mutter herbeigerufene Arzt glaubte den Grund für die Erkrankung des herzoglichen Gedärms in pathogenen Keimen gefunden zu haben, die sich der junge Adelige wahrscheinlich durch den Verzehr von schlecht ausgebackenem Brot zugezogen hatte.

Der Arzt erinnerte sich an ein altes Hausrezept seiner Mutter und bat daraufhin den Turiner Hof-Bäcker Antonio Brunero, ein einfaches, gut zu knabberndes, dünnes Brot aus Mehl, Wasser, Hefe, Salz und ein klein wenig Olivenöl herzustellen und es vor allem gut auszubacken. Unter der Einwirkung der neu erfundenen Brotstäbchen soll sich das herzogliche Eingeweide tatsächlich erholt haben. Somit konnte der Jüngling frisch ans politische Werk gehen, was ihm 1713 sogar die Königskrone Siziliens bescherte.

Die neuartigen Brotstäbchen erfreuten sich bald auch in der Bevölkerung größter Beliebtheit. Und so soll sich der Name der Knabberstangen von *gherse* für *längliches Brot* über die Verkleinerungsform *ghersin* schließlich zu *grissini* entwickelt haben.

Und zum Schluss?

Am Rad gedreht!

Wolfram Siebeck, „Berufsesser" und Doyen der deutschen Gastrokritik, hat sich einmal in einem Beitrag über den in Spitzenrestaurants betriebenen Brotkult beschwert. Beklagenswert erschien ihm weniger der Umstand, dass der Wettstreit der Spitzenköche auch beim Brot mittlerweile zu erfreulichen Qualitätssprüngen geführt habe. Doch die Inszenierung, mit der man in den bekanntesten Fresstempeln das Brot ins Rampenlicht schiebe, erschien ihm clownesk und überflüssig wie ein Kropf. Da würden großrädrige Karren an den Tisch geschoben, von Kellnern, die sich als Bauern verkleidet hätten. Da würden Marktkisten auf dem Tisch platziert oder grobe Leinensäckchen an speziellen Vorrichtungen an den Tisch gehängt – alles allein um der bühnengerechten Präsentation willen. Reiner Brotzauber!

Da fehlen einem die Worte

Dass man sich stattdessen weniger mit der Inszenierung als vielmehr mit den aromatischen Inhalten von Brot beschäftigen solle, fand man auch am Institut für Lebensmittel- und Getränkeinnovation der Züricher Hochschule für angewandte Wissenschaften in Wädenswil (eine Institutsbezeichnung, über die man vielleicht bei Gelegenheit noch einmal nachdenken sollte). Hier war ein Wissenschaftlerteam der Meinung, dass es an der Zeit sei, endlich auch das Brot mit einem sogenannten Aromarad zu würdigen. So, wie man es für Kaffee, Schokolade, Tabak und vor allem für Wein schon längst kennt. In Zürich hatte man erkannt, was eigentlich auf der Hand lag: Dass Brot nämlich schon lange aus dem Schatten der schnörkellosen Selbstverständlichkeit ins Licht der geschätzten

Hochgenüsse herausgetreten war. Allein: Es fehlte an Worten, all das, was ein gutes Brot aromatisch bietet, zu beschreiben.

Das Aromarad aus der Schweiz

Also machten sie sich auf, in Wädenswill, um den Konsumenten, den Bäckern und ihren Verkäufern (und ihren weiblichen Pendants) endlich Worte zu verleihen, auf das man sich fortan verständigen könne. Nun also hat es ein Ende, das Gestammel vom „Ja, irgendwie ... also, weiß auch nicht, also ... schmeckt gut, irgendwie ...", wenn man gefragt wird, wie es denn nun schmecke, das Brot.

So, wie man in der Weinwelt standardisierte Bewertungskriterien zur Beschreibung z. B. eines Grand Crus heranziehen kann, hat man seit 2008 mit dem weltweit ersten Brotaromarad jetzt auch die Möglichkeit, Brot präzise zu beschreiben. In einem normierten System sind die analytisch bis zu 500 messbaren Aromastoffe eines Brotes nunmehr zusammengefasst und dargestellt.

Im mittleren Ring finden sich sieben übergeordnete Gruppen: Fruchtig, Gärig, Röstig, Pflanzlich, Würzig, Geschmack und Sonstige. Der innere Kreis führt die Unterfamilie auf. Bei dem Begriff Pflanzlich sind dies z.B. die Bezeichnungen Grün, Erdig und Holzig. Im äußeren Kreis findet man präzisierende und unverwechselbare Begriffe, wie Rindenmulch, Laub oder Birke. Wer nun also am Brot schnüffelt wie ein Trüffelschwein und es anschließend auf der Zunge zergehen lässt wie ein Wein-Connaisseur sollte fortan zu mehr als „schmeckt gut" in der Lage sein. Ganz große Zungen sind mit Hilfe des Aromarades schon länger auf dem Weg, optimale Geschmackskombinationen zwischen Brotsorten und Käse und/oder Wein zu suchen – und zu finden.

Die Brot(an)sprache aus Österreich

Was den Schweizern recht, war den Österreichern billig. Auf das Aromarad aufbauend, ließ der Bundesverband der österreichischen Bäcker ein standardisiertes Brot-Vokabular entwickeln. Das erschien nötig, denn das Schweizer Brotaromarad gibt zwar Auskunft zu Geruchs- und Geschmackseigenschaften wie Melasse, Karamell und Sojasauce, sagt aber nichts zur Textur und zum Aussehen eines Brotes. Nach Auswertung etlicher Studien und Workshops steht nunmehr auch ein österreichisches Kompendium von 39 definierten Begriffen zur Verfügung, um Brot zu beschreiben.

AUSSEHEN	GERUCH	GESCHMACK	TEXTUR	VERWEND- BARKEIT
Porengröße	süßlich	süß	saftig	gut bestreichbar
flauschig	Milchsäure	salzig	elastisch	gut belegbar
wattig	mostig	frisch-grün-herb	körnig	gut schneidbar
luftig	mehlig	milchig	„al dente"	gut tunkbar
Farbton der Krume	Hefe	Milchsäure	wattig	
sichtbare Zutaten in der Krume	Röstaromen	mostig	flauschig/ flaumig	
ausgeprägte Kruste	frisch-grün-erdig	Getreide	luftig	
	nussig	malzig	knusprig	
	Erdnuss	Karamell	kompakt	
	würzig	Röstnote		
		nussig		
		Erdnuss		
		würzig		

Lust auf Brot

Nun können Sie also beim nächsten Einkauf in Ihrer Bäckerei an den Tresen treten und Ihrem Gegenüber zielsicher zurufen: „Ich möchte ein Brot! Nussig soll es riechen, frisch-grün-erdige Nuancen dürfen sich auch gerne ins Bouquet mit einschleichen. Bitte aber keine Rauchkammer. Und auch kein Tabak. Malzig soll es vorne auf der Zunge schmecken, nach Melasse. Im Abgang dürfen Anklänge von süßem Pfirsich, auch von Ananas mitschwingen. Und die Textur der Krume sollte kompakt sein, elastisch. Aber bitte nicht flauschig."

Und wenn Ihr Gegenüber eines der vielen Verkaufsseminare besucht hat, denen das Aromarad und/oder die Brot(an)sprache zugrunde lagen, dann wird Ihr Gegenüber vielleicht sagen: „Aha!" – und Ihnen den Laib Ihrer Wünsche über den Tresen reichen.

Also: auf geht's!

Literatur (Auswahl)

Bertschi, Hannes; Reckewitz, Marcus: Von Absinth bis Zabaione. Wie Speisen und Getränke zu ihrem Namen kamen und andere kuriose Geschichten, Frankfurt 2008

Davidis, Henriette: Praktisches Kochbuch für die bürgerliche und feinere Küche, Berlin 1913

Dominé, André (Hrsg.): Culinaria. Französische Spezialitäten, Königswinter 2004

Dumas, Alexandre: Das große Wörterbuch der Kochkunst, Wien 2002

Ebertshäuser, Caroline; Stocker, Margaretha: Brot. Symbol für Natur, Leben und Kultur, München 2004

Ernst, Eugen: Mühlen im Wandel der Zeiten, Stuttgart 2005

Goris, Eva: Unser kläglich Brot. Gute Ernährung kommt nicht aus der Tüte, München 2007

Jacob, Heinrich Eduard: 6000 Jahre Brot, Hamburg 1954

Klink, Vincent: Sitting Küchenbull. Gepfefferte Erinnerungen eines Kochs, Reinbek 2009

Klink, Vincent; Droste, Wiglaf (Hrsg.): Häuptling eigener Herd, Heft 20, Stuttgart 2004

Krauß, Irene: Heute back' ich, morgen brau' ich ... Zur Kulturgeschichte von Brot und Bier, Ulm 1994

Locatelli, Giorgio: Made in Italy. Das Kochbuch, München 2008

Mayle, Peter; Auzet, Gerard: Geheimnisse eines französischen Bäckers, München 2007

Meise, Hans: So backt der Bauer sein Brot. Ein volkskundlicher Beitrag zum bäuerlichen Brotbacken und der Entwicklung von Backöfen und Backhäusern, Bielefeld 1959

Metzger, Christine (Hrsg.): Culinaria. Deutsche Spezialitäten, Königswinter 2004

Meuth, Martina; Neuner-Duttenhofer, Bernd: Wo die glücklichen Hühner wohnen. Vom richtigen und falschen Essen, Bergisch Gladbach 2008

Moreno, Juan: Teufelsköche. An den heißesten Herden der Welt, München 2011

Moulin, Leo: Augenlust und Tafelfreuden. Essen und Trinken in Europa – Eine Kulturgeschichte, München 2002

Paczensky, Gert von; Dünnebier, Anna: Kulturgeschichte des Essens und Trinkens, München 1999

Piras, Claudia (Hrsg.): Culinaria. Italia, Königswinter 2004

Polt-Heinzl, Evelyne; Schmidjell, Christine (Hrsg.): Brot. Eine kleine kulinarische Anthologie, Stuttgart 1998

Reckewitz, Marcus: Kleines kurioses Küchenlexikon, Köln 2011

Reichholf, Josef H.: Warum die Menschen sesshaft wurden. Das größte Rätsel unserer Geschichte, Frankfurt 2012

Siebeck, Wolfram: Siebecks Seitenhiebe. Aus dem Berufsleben eines Berufsessers, München 2008

Teetz, Petra; Bartel, Susanne; Duve, Daniel: Brot & Butter, Cadolzburg 2008

Wiegelmann, Günter; Mohrmann, Ruth-E. (Hrsg.): Nahrung und Tischkultur im Hanseraum, Münster/New York 1996

Wurzer-Berger, Martin (Hrsg.): journal culinaire. Kultur und Wissenschaft des Essens, No. 10: Getreide, Münster 2010

Wurzer-Berger, Martin (Hrsg.): journal culinaire. Kultur und Wissenschaft des Essens, No. 14: Öl, Butter und Schmalz, Münster 2012

Register

Bildnachweis
Bridgeman Art Library: S. 9, 29, 35, 39, 64, 69, 111, 113, 115, 118, 131, 137, 139
Fotolia: S. 21, 45, 80, 95
Google Art Project: S. 31
iStockphoto: S. 22, 65, 130, 162
Bildagentur Look: S. 5, 51, 52, 56, 59, 61, 67, 77, 83, 87, 105, 133, 145, 149, 151
Shutterstock: S. 3, 19, 46, 50, 85, 89, 91, 99, 155
Stockfood: U1, S. 7, 15, 33, 71, 73, 75, 79, 93, 97, 98, 108, 121, 125, 129, 156, 159, 163
SZ photo: S. 49, 126
Ullstein Bild: S. 143
Wikimedia Commons: S. 11, 17 (The Yorck Project), 23 (Helmut Hahn), 24, 43 (Museum der Brotkultur), 134
ZHAW (2008): S. 160

Zitatnachweis
S. 66 aus: Brot und Butter, ars vivendi 2008; S. 60 ff. aus: Hans Meise, So backt der Bauer sein Brot, Ceres-Verlag Rudolf-August Oetker 1959; S. 111 aus: Brot und Butter, ars vivendi 2008; S. 127 aus: Fritz Eckenga, Jahreshauptversammlung meiner Ich-AG, Antje Kunstmann Verlag 2005; S. 131 u. 147 aus: Alexandre Dumas, Großes Wörterbuch der Kochkunst, Mandelbaum 2002; S. 138 f. aus: Charles Baudelaire, Sämtliche Werke und Briefe, Bd. 8, S. 163–176, Übersetzer Friedhelm Kemp, Hanser 1977; S. 149 u. 154 aus: Giorgio Locatelli, Made in Italy. Das Kochbuch, Christian Verlag 2008

Trotz intensiver Bemühungen war es leider nicht in allen Fällen möglich, den jeweiligen Rechteinhaber ausfindig zu machen. Für Hinweise sind wir dankbar. Rechtsansprüche bleiben gewahrt.

ISBN 978-3-86362-030-1

Gestaltung, Bildredaktion und Satz: Christine Paxmann text ● konzept ● grafik, München

Copyright © 2014 Verlags- und Vertriebsgesellschaft
Dort- Hagenhausen Verlag- GmbH & Co. KG, München

Printed in Germany 2014

Verlagswebsite: www.d-hverlag.de

FSC
www.fsc.org
MIX
Papier aus ver-
antwortungsvollen
Quellen
FSC® C013736